やり方しだいで
結果が出せる

# 大人の
# 勉強力㊙ノート

What's the most efficient study method
known by smart people?

知的生活追跡班［編］



青春出版社

# はじめに

今、この本を手にとってくれたあなたは、「これからの世の中、勉強しなきゃな」と思っている方でしょう。しかし、勉強は障害物競走のようなもの。目標が入学試験であれ、資格試験であれ、ゴールまでは山あり谷ありの道のりです。

やる気がなくなることもあれば、時間がとれなくなることもあるでしょう。どうしても理解できないこと、覚えられないこともでてきます。そんな数々の障害を乗り越えて、どう「効率的に勉強し、目標を達成するか」――この本では、そこに焦点を絞ってノウハウを満載しました。

そもそも、ほとんどの人にとって、勉強は面倒で億劫《おっくう》なもの。一念発起、いざスタートしてみても、学習効果が上がらなければ、すぐに挫折することになりがちです。

そこで、本書の出番です。どうすれば、最小の努力で最大の効果が上げられるか。この本の第一部には、やる気を持続させる技術に始まり、時間をつくる技術、記憶術、読書術にいたるまで、勉強をめぐるあらゆるテクニックを詰め込みました。

そして、第二部では、小学校で習ったことを総まとめしました。その〝ココロ〟は、何事かを学ぶときの王道は「まず基礎を固める」ことにあるから。

というと、「小学校で習ったことくらい大丈夫だよ」という声が聞こえてきそうですが、はたして本当にそうでしょうか？　たとえば、算数。「三角形の内角の和は１８０度」ということは、みなさん、ご記憶でしょうが、なぜそうなるのか、説明できるでしょうか？　あるいは、理科で、子供から月の動きについて尋ねられたとき、胸を張って説明できるでしょうか？

というように、小学校で習うことも、なかなか侮れません。本来、「小学校で習うこと」は、大人にとっては「常識」であるはず。本書では、ざっと90分間で「国語（漢字）」「算数」「社会」「理科」にひそむ〝侮れないポイント〟をまとめてあります。「大丈夫かな」と、少しでも不安に感じられた方は、この本で、現在の「学力」＝「常識力」をチェックしていただきたいと存じます。

というわけで、基礎中の基礎から実践テクニックまで、勉強をめぐるＡｔｏＺをまとめたこの本。勉強をめぐっては、「下手な勉強ほど、勉強の邪魔になるものはない」という先人の言葉もあります。あなたもこの本で、基礎を固め、効率的な勉強法を知って、大きな目標に立ち向かっていただければ幸いに思います。

２０１５年10月

知的生活追跡班

やり方しだいで結果が出せる　大人の勉強力㊙ノート＊目次

# 第一部　結果を出している人の勉強力の秘密

## 6 面白いほど頭に入る「本」の意外な読み方　137

## 7 結果につながる「情報収集」の心得 161



## 8 いい「アイデア」が出せる人の共通点 181

## 9 なぜか説得される「文章力」の秘密　195

## 第二部　小学校でやることが勉強力のキホンです！

### 1 あの「漢字」、ホントに読めますか？　書けますか？――国語　215

# 3 「世の中」の仕組みを説明できますか？——社会 285

# 4 身近な「科学」の疑問に答えられますか？——理科 329

【発展編】

カバー写真提供◆shutterstock
Chief Crow Daria/shutterstock.com
本文写真提供◆shutterstock
totallyPic.com/shutterstock.com
VectorMarket/shutterstock.com
Santitep Mongkolsin/shutterstock.com
DTP◆フジマックオフィス

第一部

# 結果を出している人の勉強力の秘密

Aa

# 1

# できる大人の「目標設定」はどこが違うか

## 「目標設定」で成功する人、失敗する人

勉強を始めるときは、「将来は本の1冊も書いてやろう」とか、「外国で商談ができるぐらいの英語力を身につけたい」などと、大きな目標を立てるものである。

ただし、大目標を胸に抱くのはいいにしても、いきなりそんな大目標を具体的なゴールに設定するのはやめたほうがいい。

最初から大目標を目指すと、途中で挫折してしまうことが圧倒的に多くなるからだ。その原因は、いまの自分の力と大目標が、あまりに離れすぎているから。少々勉強したくらいでは、その距離はまったく縮まらない。すぐに勉強するのがいやになってしまうのだ。

しかも、勉強して知識がつくほど、大目標までの遠すぎる距離がはっきりわかり、意欲を失うことになるのだ。

そこで、大目標は心に秘めておいて、それとは別に実現可能な小目標を立てることだ。「この本1冊を完全に理解する」といった小さな目標だ。

小目標であれば、自分のいまの実力でも、達成までの道のりはそう遠い話ではない。で

きそうだと思えれば、勉強への意欲が湧き、集中力も高まっていく。小目標であれ、一つ達成すれば、自信につながる。そして、自信は意欲を高めてくれる。

一つの小目標を達成したら、また次の小目標を立てる。すると、小目標を達成するごとに、だんだん大目標に近づいていくわけで、いつしか大目標を達成するのも夢ではない。

小目標でさえ難しいと感じるときは、目標をもっと小さくすればいい。たとえば「この本1冊を理解する」ことを「中目標」にし、まずは「1章分を理解する」という「小目標」を設定する。そうすれば、目標がより近くなり、やる気が出てくるはずだ。

## 数値で具体的に目標を決めるのが最初の一歩

勉強に対して、いまひとつやる気が起きない。そんな人は目標の立て方が下手なのかもしれない。目指す目標が具体的かどうか、チェックしてみることだ。

目標が曖昧だと、やる気や集中力に結びつきにくい。「社会的教養をもっとつけたい」「数字に強くなりたい」「理科系の知識を身につけたい」といった抽象的な目標では意欲が持続しないのだ。

それは、抽象的な目標だと、具体的にどんな勉強をすればいいのか、イメージが湧いてこないから。多少勉強しても、「目標に近づいている」という実感がないので、やる気が持続しないのだ。

一方、目標を数値で具体的に設定すれば、いますべきことが具体的に見えてくる。「社会的教養をつけたい」ではなく、「とりあえず古典を10冊読む」と目標を数値化すれば、具体的なスケジュールを立てられるし、読み終えたときには達成感を得られるはずだ。

あるいは「理科系の知識を身につけたい」ではなく、「中学校の理科の教科書を理解する」にすれば、「教科書をもう一度読み直してみよう」となるだろう。

やることが明確になれば、自然にやる気が出てくるもの。集中力不足に悩むこともなくなるはずだ。

## 本気になれる人の「やる気」の心理

勉強の目標を設定するとき、あまりに高い目標を掲げると、すぐに「無理だな」と感じ、やる気が消えてしまうもの。かといって、あまりに低いレベルでは、これまたやる気が起きにくい。

目標の設定レベルは、高すぎても低すぎてもダメなのだ。

アメリカの心理学者レヴィンによると、人のやる気は「自分の要求水準を満たすかどうかで左右される」という。

具体的にいうと、要求水準が高すぎると、成功確率があまりに低いため、やる気が萎《な》える。一方、要求水準が低すぎると、成功が保証されたようなもので、安心感に支配されやすくなる。最も意欲が湧くのは、「ちょっと難しい」と思えるレベルに目標を設定したときだという。一生懸命やれば「成功しそうだ」と思えるとき、ふつふつとやる気が出てくるというわけだ。

たとえば、いま「1日20語」と決めている単語の暗記を「30語」に増やす。50語なら無理と思う人でも、30語ならなんとかなりそうと思えるだろう。と同時に、これまでよりは〝高度〟な目標である。そこから、やる気が生まれてくるのだ。

やがて、1日30語も、それほど苦ではない日がやって来る。そうなると、1日30語が簡単に思えて、やる気が萎えてくる可能性がある。そこで、次は「1日40語」と、また目標をやや高めに設定する。そうして、自分のやる気をコントロールしていくといい。

## 高い目標をクリアする「心理的割り算」の法則

いざ勉強を始めると、取り組むべきことの多さにあらためて気づくものだ。「こんな膨大な量、こなせっこない」と、ついあきらめの気持ちも生じやすい。

そうならないために、実現可能な目標を立てる、というのは前述の通り。加えて「大目標の細分化」をおすすめしたい。たとえば、「英単語を1年間で5000語マスターする」ことが必要だったとしよう。5000語というと、目標が大きすぎて、意欲が萎えてしまいやすい。そこで、5000語を〝割り算〟してみるのだ。

1年間で5000語なら、1カ月で約420語になる。これを1週間にすると100語ちょっと。1日なら14語程度になる。1日に14語なら、不可能な数字には思えないだろう。萎えかけた意欲も、よみがえるはずである。

この目標を細分化する作業は「心理的割り算」ともいわれる。量のプレッシャーに押しつぶされそうになったときは、まずは数字を小さくしてみることだ。

割り算をして「1週間ならこれくらい」「1日ならこれくらい」と数字を小さくすれば、

目標達成がさほどの難事ではないように思えてくる。心理的に楽になれば、重圧感に押しつぶされることもなくなるはずだ。

## 挫折しそうなときに使えるこの「一手」

勉強は、つねに順風満帆《じゅんぷうまんぱん》に進むとは限らない。いつもは1日20語覚えられる単語が、5語しか覚えられない。翌日に挽回しようとしたが、やはり暗記できない。そんな日が続けば、「自分には英単語の暗記なんて無理なんだ」と、くじけそうになりやすい。

そんなときは、無理に1日20語ずつ覚えようとせず、目標を下げることだ。それまで20語覚えられていたからといって、今後も20語ずつ覚えられるとは限らない。人の調子には好不調の波があるし、仕事やプライベートの事情もあるだろう。

できないときは無理をせず、可能なレベルで続ければいいのだ。無理に高い目標を掲げて維持しようとすると、できない自分がもどかしく、ついには勉強自体がいやになってしまう。

勉強にもときには〝リハビリ〟が必要だ。たとえば、足を骨折すると、治ってもすぐもとのようには歩けない。そこであせって無理をすると痛いばかりだ。それよりも、つかまり歩きなどを少しずつ練習して、歩くのに必要な筋肉を養う。〝一歩一歩〟前に進めばやがては、元どおりに歩くことが可能になる。

勉強も同じで、前と同じことができなくなったときは、以前なら簡単にできたことをやってみるといい。たとえば「1日に英単語を10語ずつ覚える」といった具合だ。1週間続ければ、これが小さな自信になる。この自信が「また頑張ろう」という気力へとつながっていく。

気力が戻ってきたら、目標を高いものに戻していく。やがては、前と同じ目標が達成できるようになるはずだ。

## 勉強の「食わず嫌い」を解消する簡単な方法

勉強をしたいのだが、どうもやる気が出ない――そんなことを言う人には、勉強にとりかかる前から「やる気が出ない」と言う人が少なくない。机に向かっても参考書を開かない。ついスマホなどをいじってしまうのだ。

本来、勉強へのやる気は、やってみて初めて湧いてくるもの。たとえば、本を読んで、なにかにハッとさせられる。そこから「すると、あれはどうなのだろう?」と好奇心をかきたてられ、その先を知りたくなる。知的な興奮が知識欲を引き出し、それがやる気につながるのだ。

一方、勉強に手をつけなければ、知的興奮を味わうこともなければ、強い好奇心にかられることもないわけである。

もちろん、最初は、よく理解できないところもある。しかし、少し我慢していると、やがておもしろさがわかり、集中できるようになるものだ。

## 目標達成には、他人を巻き込むのがいい理由

勉強を続けるのは、大変である。最初のうちは真面目に取り組んでいても、1週間、1カ月と続けるうちに、しだいに億劫《おっくう》になってくるものだ。

そんなときは、自分の勉強の目標を、家族や友人に宣言してみよう。

たとえば、バランスシートの勉強をしているときは、「この夏いっぱいでバランスシー

トを読めるようになります」と上司や同僚に宣言してしまう。

そのとき、上司らは「そんなの無理だよ。できっこない」と笑うかもしれない。すると、「見返してやろう」とやる気が高まり、集中力も増すはずだ。

逆に、「おまえなら、できるよ」と励まされるかもしれない。そうなると、その期待に応えるため、あとには退けなくなる。「かならず実行しよう」と気合が入るはずだ。

できれば、複数の家族、知人に宣言したほうがいい。そのほうが、言いわけできなくなるからだ。

目標を宣言しておくと、途中で挫折しそうになったときの助けにもなる。宣言した友人から「あれ、どうなってる?」と聞かれれば、もう一度自分に喝を入れざるを得ない。衰えていた意欲も復活してくるだろう。

また、宣言するにあたっては、達成までの期限を設けておくこと。そうして、ますます逃げ場をなくしておくのだ。

たとえば「1カ月でマスターする」と宣言すれば、その1カ月間が勝負になる。「1カ月後、上司から『どうなった?』と聞かれるかも」と思えば、いやでも机に向かわざるをえなくなるわけである。

## 目標を書いておくことの意外な効果

勉強を進めるには、具体的な目標が必要だが、その目標をノートや本に大きく書いておくと、集中力をより高めることができる。

目標をノートや本に書いてみると、ただ頭の中で考えているより、その目標がリアルなものに見えてくる。そのぶん、目標がより明確になり、集中力が高まりやすくなるのだ。

たとえば、いま取り組んでいる英語の参考書に、「2016年内にニューヨークへ行き、英語でこなれた会話をする」と書いておく。その目標が目に入るたびに、達成したいという気持ちを再確認でき、意欲が持続しやすくなるのだ。

できれば、書かれている目標を毎日読み上げるといい。単に目にするよりも、さらに自分の中に深く刻みつけることができる。

あるいは、目標とするものの写真を机の前に置いてもいい。たとえば、イタリア語をマスターしたいなら、ローマやミラノの繁華街の風景、行ってみたいレストランの写真を机の上に飾る。

繁華街のショップで店員とイタリア語で会話したり、レストランで好きなものを自由にオーダーしている姿を思い浮かべれば、いよいよ目標はくっきりと頭の中に焼き付けられる。その分、やる気が高まり、集中力も増すわけだ。

目標とする人物の写真や肖像画を机に飾るのもいい。写真の肖像画を見るたびに「よし、頑張ろう」と気合が入るはずだ。

## 〝仮想敵〟がいれば、成果はグンとアップする！

勉強への集中力を高めるために、ライバルを見つけのも効果的な方法だ。よき競争相手を見つけることができれば、「あいつに勝ちたい」「負けたくない」という闘争心が集中力を高めてくれるのだ。

スポーツの世界でも、ライバルがいる選手は、好成績をおさめやすい。逆に、素質に恵まれながら大成できない選手には、ライバルに恵まれなかったケースが多い。競争相手は、自分の眠っている能力を呼び覚ましてくれる存在ともいえるのだ。

問題はどうやって〝仮想敵〟を見つけるかだが、学生ならともかく、社会人ともなると、なかなか難しい。そんななか、簡単にライバルをつくる方法は、同じ仲間を募ることだ。同じ目標をもった者同士が集まれば、おのずと「あいつには負けられない」というライバル意識が生まれてくるものだ。

競争相手が見つからないときは、「自分」と競争してもいい。競争相手は「1カ月前の自分」「半年前の自分」だ。過去の自分の成績を上回ることを目標にすれば、自分自身もまたライバルになる。自分の成果をアップさせていけば、次々に〝新たなライバル〟が出現することになり、競争相手に事欠くことはない。

## 具体的な成功報酬を用意したほうがいいワケ

毎日、勉強を続けていると、しだいにやる気が衰えてくることがある。飽きや慣れが出て、気持ちが散漫になりやすいのだ。

そんなときは、自分なりの〝成功報酬〟を用意してみるといい。

たとえば、1週間の目標を達成したときの成功報酬、あるいは1カ月の目標を達成したときの成功報酬をあらかじめ用意しておくのだ。「1週間でこのテキスト1冊を征服したら、欲しかったＤＶＤを買う」とか、「1カ月で２００語マスターできたら、雑誌で紹介されていたレストランに行く」といった具合だ。

その期限は、1週間や1カ月といった比較的長い時間でなくてもいい。1日、あるいはほんの1時間の〝成功〟に対する報酬を用意してもいい。

「この3ページをマスターしたら酒を飲もう」「この1節が終わったらケーキを食べよう」というのも、ささやかながら成功報酬になり、集中力を高めてくれる。

もちろん、成功報酬はお金のかからないものでもいい。人によっては、「3ページ終わったら、タバコを一服する」「1時間勉強したら、散歩に出かける」ことが、自分へのご褒美になるかもしれない。自分なりの成功報酬は、身の回りにいくらでも見つかるはずだ。

# 2
# 限られた「時間」で最大の効果を上げる方法

## 上手に時間をつくるための「即時処理」のルール

「勉強する時間がない」とボヤく人に、理由を聞いてみると、「仕事がたいへんで」「家事やつきあいに時間をとられて」といった答えがよく返ってくる。仕事などに時間をとられて、なかなか自分の時間がとれないというわけだ。

しかし、愚痴っているだけでは、いつまで経っても、自分のための時間をひねり出すことはできない。

時間をひねり出すための原則の一つは、「即時処理」である。

仕事や雑務、雑用を後回しせずに、即刻片づけてしまう。あるいは「これをしてみたい」と思ったら、明日に引き延ばさずに、すぐにやってしまうのだ。

こうして、何事も即時処理していけば、仕事がたまることはなくなるし、たまった仕事に追われることもない。勉強用の時間をひねり出そうと思ったとき、ちゃんと空き時間を見つけられる。

また、仕事を後回しにするということは、その仕事について考える時間が、2回3回と増えることでもある。たいした時間でないと思うかもしれないが、それこそチリも積もれば山となるのだ。

だから、勉強時間をひねり出すには、「今できることを先に延ばさない」という即時処理の習慣を身につけることだ。

今できることを先に延ばす人は、ていねいな仕事を目指して時間をかけているつもりかもしれない。けれども、引き延ばしても、よりよくこなせるという保証はどこにもない。むしろ、タイミングを逸することにもなりかねない。

すぐにとりかかれば、たとえつまずいても、いちはやく失敗に対応できる。後回しにしていると、つまずいた場合、問題発見が遅れ、トラブルはさらに大きくなって、より多くの時間を消費することになりかねないのだ。

というわけで、時間をつくるためには、何事も即時処理する習慣を身につけることだ。

## 「ラーキンの法則」で時間の使い方を見極める

仕事に追われて、時間がないときほど、物事の優先順位を明確にしたい。

「絶対にしなければならない仕事」と「そうでもない仕事」に分けて、「絶対にしなければならない仕事」をまず即時処理する。残りの「そうでもない仕事」は後回しにして、勉強用の時間をひねりだすのだ。

これは、「そうでもない仕事」なら、後回しにしても、大勢には響かないからだ。その根拠となるのは「ラーキンの法則」である。時間管理について説いたアメリカの研究者ラーキンは、価値や時間について「20対80」の法則を唱えた。

「価値の80パーセントは、全体の20パーセントから生まれ、残り20パーセントの価値は、全体の80パーセントから生まれる」という法則だ。

つまり、重要な仕事は、仕事全体の20パーセントを占めているに過ぎない。その20パーセントの重要な仕事をこなせば、仕事全体の80パーセントを達成したことになる、というわけである。

一方、重要でない残り80パーセントにあくせく取り組んだところで、仕事の価値は20パーセントしか増えない。要するに、本当に重要な仕事はわずかで、それをきっちりこなしておけば、ほぼ8割の仕事をこなしたことになるという法則だ。

だから、自分用の時間をひねり出すには、まずは重要な20パーセントの部分を探し出すことが重要になる。その部分さえ達成してしまえば、あとの仕事に多大な時間をかける必要はない。自分用の時間を優先しながら、こなしていけばいい。

このラーキンの法則をいつも頭に入れておけば、時間的な余裕がどんどん生まれてくるはずだ。

## ムダな時間を一掃する簡単チェックリスト

勉強時間をひねり出すには、ムダな時間をなくすことも大事だ。ムダな時間を放っておくと、勉強時間を生み出すことはできない。

まずは、自分の生活の中から、ムダな時間を見つけ出そう。そこを削れば、そのぶん時間が生まれ、それはそのまま自分の時間になる。

ムダな時間は、生活の細部のあちこちにひそんでいる。たとえば、朝、目が覚めても布団から出ず、ぐずぐずしている時間。さっさと起きてしまえば、朝のひとときを有効利用できる。

また、家を出て忘れ物を取りに帰るのも、ムダな時間。家を出て5分後に気づいて戻ると、往復10分をムダにすることになる。会社に着くのが遅れ、それだけ仕事にかかるのも遅れるだろう。出かけるまえに、持ち物をしっかり確認しておけば、そんなことにはならない。

また、出社して机に座り、同僚と世間話をしたり、新聞を読み直したりするのもムダな時間。さっさと仕事に取りかかれば、仕事を早く終えて、自分の時間をつくることができる。

昼、同僚と頻繁に外食に出かけるのも時間のムダ。昼休みをフルに雑談に使えば、貴重な時間が消えていく。

1人でさっさと食べに行くか、コンビニで買った弁当ですませれば、30分もあれば食べ終わるだろう。残る時間を自分の時間にあてることができる。

夜、酒を飲む場合も、軽く飲むならともかく、深酒ともなれば完全にムダな時間といえる。記憶がなくなるほど飲んでも、得るものは何もない。そればかりか二日酔いで、翌日までムダにしかねない。

夜、さして面白くもないテレビを見つづけるのも、ムダな時間だ。惰性で見ている番組はないか、チェックしたい。

## 「こまぎれ時間」の正しい集め方、使い方

「忙しくて、勉強する時間がない」とこぼすサラリーマンには、まとまった時間がとれないと、勉強はできないと思っている人が少なくない。

たしかに、働いていれば、1日2時間、3時間といったまとまった時間をとるのは、難しいかもしれない。けれども、こまぎれの時間を拾い集めていけば、1日2～3時間の勉強タイムをひねりだすのは、そう難しいことではない。

こまぎれ時間の典型は、通勤・通学時間で、このほかトイレに入っている時間、入浴中の時間なども、毎日の生活のなかにあるこまぎれ時間だ。

勤務中なら、昼休みや待ち合わせ時間のまえ、あるいは商談相手が中座したとき、銀行での待ち時間なども、こまぎれ時間になる。

日曜日にだって、あるはずだ。ソファでゴロッとしている時間、ドライブや散歩をしている時間も、こまぎれ時間の一種といえる。

すべてを合わせれば、簡単に2時間や3時間にはなるだろう。これらは、ボーッと座っ

ていたり、簡単な作業をしている時間だから、ちょっとした工夫で勉強時間にあてられるのだ。

本を数ページでも読み進めてもいいし、英単語などの暗記に当てることもできる。あるいは昨日勉強した内容を思い出し、頭の中で復習したり、今後の勉強スケジュールを立てるのもいいだろう。

こういうこまぎれ時間は、たいてい習慣化されているから、「この時間にはこの勉強」と決めておけば、勉強を習慣化することもできる。

また、一つひとつの時間は短いので、頭が疲れることもないから、暗記物などは、机に長時間向かうよりも、かえって効率的に覚えられるはずだ。

とにかく、勉強は、まとまった時間に机に向かってするものとは限らない。いつでも、どこでもできるものと考えれば、こまぎれ時間を効率的に活用できるはずだ。

## 他人の時間を自分の時間として使うワザ

会社勤めも中間管理職になると、仕事量が増えて、自分の時間がとれないことを嘆く人がますます多くなってくる。

だが、中間管理職という地位は、じつは自分の時間をうまく生み出せる立場だということを知っておきたい。部下の時間を利用して、自分の時間をつくり出せばよいのだ。

中間管理職の仕事は、二つのパターンに分かれる。一つは「自分にしかできない仕事」で、これがいちばん重要だ。残るは「自分がやってもやらなくてもいい仕事」、要するに、部下にまかせることもできる仕事である。

おそらく、仕事の大半は後者だろう。であれば、部下にまかせられる仕事をあえて自分でする必要はない。

そんな業務に時間をとられていては、いつまでたっても自分の時間はつくれない。自分でしなくてもいい仕事は、さっさと部下にまかせてしまうことだ。これで、かなりの自分用の時間がつくれるはずだ。

ただ、ここで判断が難しいのは、「自分でしたほうが確実だが、部下にまかせても大丈夫そうな仕事」である。結論としては、難度がかなり高く、自分でしたほうがはるかに確実という仕事を除き、あとは部下にまかせること。もちろん上司として、的確な指示とチェックは必要だ。

こうしておけば、部下が仕事をしてくれるおかげで、自分の時間をつくりだせ、しかも部下の力を伸ばすこともできる。そうして部下が、難度の高い仕事をクリアできる力を身につければ、部下にまかせられる仕事がさらに増えていく。そのぶん、自分をレベルアップさせるための勉強時間をひねりだせるといった好循環が生まれる。

ただ、部下に仕事をまかせると、部下がしくじったとき、そのフォローにかえって時間をとられるというリスクは高くなる。経過をきちんと確認し、どれぐらいまでの仕事ならまかせられるか、見極めることが大切だ。

## テレビの時間を減らすＤＶＤレコーダ活用術

勉強時間をひねりだしたい人にとって、大敵はテレビである。いったん見始めると、ついダラダラ見てしまい、大量の時間を失うことになりがちだ。

しかも、見たい番組があると、その放映時間に自分のスケジュールを合わせなければならない。つい、勉強が二の次になりがちだ。

「あと10分で見たい番組が始まる」というとき、「その10分を勉強に当てよう」という気分にはなりにくい。放送時間だけでなく、その前の10分間もムダにすることになるわけだ。

また、せっかく勉強にノッてきたのに、「番組が始まる時間だから、今日はここまで」ということにもなりやすい。

こうした問題を解決してくれるのが、ハードディスクレコーダー（ＨＤＲ）だ。ＨＤＲに録画すれば、コマーシャルを飛ばせるし、ドラマのプロローグやエンディングなど、どうでもいいシーンを早送りできる。

見なくてもいいものを、どんどん飛ばしていけるから、1時間の番組を20分で見ることも可能だ。「5分の見たいシーンのために、1時間使ってしまった」なんてこともなくなる。

おまけに、録画だから、いつ見てもかまわない。仕事や勉強に疲れたとき、息抜きに見ることもできるし、夜寝るまえに、一杯飲みながら見ることだってできる。テレビの時間よりも、自分の勉強時間を優先させることができるのだ。

## 「勉強は机でやるもの」の大間違い

自分用の書斎がなく、「勉強しようにも、する場所がない」とこぼしている人もいるだろう。自宅では落ちついて本を読めるスペースもないので、休日に図書館に通って勉強するのがせいぜいという人もいるはずだ。だが、それは固定観念にとらわれた考え方だ。

勉強は、机がなくともできる。こたつの中でもできるし、トイレの中でもできる。通勤電車の中でもOKだし、公園のベンチに座りながら、あるいは夜、ふとんの中でもできる。しかも、こうした〝どこでも勉強〟のほうが、かえって集中力が高まるという効果もあるのだ。

たとえば、勉強机は意外に狭くて使い勝手が悪いという人もいるだろう。そんな人は、台所のテーブルを使えば、広々とした気分で勉強できる。台所にかぎらず、自分が勉強しやすい場所で勉強したほうがリラックスでき、効率もよくなるのだ。

「どこでだって勉強できる」と思えば、勉強する機会はどんどん増えていく。勉強の時間を増やすには、まず「勉強＝机」という固定観念を捨ててしまうことだ。

## 通勤、通学、トイレ、風呂…「分散学習」に効果アリ！

勉強には、内容によって、二つのタイプがある。まとまった時間をつくって勉強したほうがいいタイプと、分散して学習したほうがいいタイプだ。

細かな調べ事や考え事をするには、休日などのまとまった時間を使ったほうがいい。一方、短い時間を使って分散学習したほうが向いているものは、コツコツ積み上げる暗記物である。

たとえば、語学の単語暗記は、長い時間かけて一気に覚えるより、毎日少しずつコツコツ覚えていったほうが、記憶が定着しやすくなる。毎日の通勤時間は、そんな〝コツコツ勉強〟に当てたい。

1日1時間の通勤時間のうち、たとえ10分でもいいから、単語を覚えてみる。単語暗記が嫌いな人でも、「10分の我慢」と思って取り組めば、意外に集中力を発揮できるものである。「○○駅から△△駅までは単語暗記の時間」と決めておけば、習慣化もしやすい。

この短い時間を使う分散学習法は、脳のリズムにもかなった勉強法といえる。毎日、同じ時間帯に語学の学習をすると、脳はこれを一つのリズムとして受け入れる。そのぶん、学習効果が高まりやすいのだ。

もちろん、分散学習法は語学以外にも使える。法律や経済の勉強もコツコツ積み上げていくものだから、やはり通勤時間を使った分散学習が有効だ。

通勤・通学の時間がない人の場合、トイレの時間やお風呂の時間を分散学習に当ててもいい。

## 食事の2時間後を有効に使ったほうがいい理由

勉強にもっとも不向きな時間帯は、食事の直後だ。胃腸の消化活動に血液が使われ、脳内の血液が不足ぎみになっているからだ。

しかも、満腹になると、眠気にも襲われやすい。机に向かったところで、効率が上がるはずもないのだ。

効率のいい時間帯として期待できるのは、食後2時間たったあたりである。そのころ、胃腸の消化活動は一段落し、食べたものは脳に必要なぶどう糖に変わりはじめている。脳は最も活動的な状態になっているのだ。

生理学的にいうと、食事の2時間後に脳内の血糖値は最も高くなる。同時にＦＧＦ（線維芽細胞増殖因子）という物質も増えている。このＦＧＦが学習効率の大きなカギになる。

ＦＧＦは、脳の神経細胞のシナプスの働きを高める物質。シナプスは、脳の神経細胞から枝分かれしている樹状突起と他の細胞の連結部分のことだ。

シナプスができ、シナプス同士の情報の流れがよくなれば、脳は活性化し、記憶力が増してくる。ＦＧＦが増えれば、シナプスの働きがよくなって、頭は冴えた状態になってくるというわけだ。

ＦＧＦについては、アメリカでマウスを使った実験が行われていて、食事の2時間後には、ＦＧＦが通常の２０００倍にもなるという報告もある。

食事から約2時間後といえば、朝は9～10時、昼は3時すぎ、夜なら10時前後だろう。この時間帯を勉強時間に当てると、効果は最も高くなるといえる。

## 効率がアップする「短い休憩」のはさみ方

貴重な勉強時間といっても、ときどきは休憩時間をはさみたい。適度な休憩によって頭がリフレッシュされ、効率のいい状態で勉強に取り組める。疲れた頭で長々と続けるより、はるかに頭に入りやすいのだ。

ただし、ここで注意したいのは、休憩時間の取りすぎ。30分どころか1時間も休むと、かえって効率が落ちてしまう。

休憩を長く取りすぎると、学習に必要な適度の緊張感が消えてしまい、また一から取り組まなければならなくなる。

長い休憩を取ると、いわば、勉強用の脳内エンジンが止まってしまい、またエンジンをかけ直さなくてはならなくなるのだ。短めの休憩なら、完全には止まっていないから、すぐにまた動かせる。

仕事でも、休憩を取りすぎたため、調子が落ちるという経験があるはず。せっかく調子よく進めていたのに、みんなが休憩するからと一緒に休んでしまうと、仕事に戻ったとき、先ほどまでの緊張感が消えてしまい、集中して取り組めなくなってしまうといった具合だ。

休憩を取りすぎると、頭のエンジンが止まってしまうためだ。

休憩にリフレッシュ効果があるのは、最初の数分だけ。ほんのひととき、頭を休めれば〝頭の休憩〟には十分だ。あとは〝体の休憩〟に少し時間をとればいいから、10分〜15分くらいが、休憩時間の目安になる。

休憩後、しばらく机に向かい、また疲れてきたら休憩を取ればいい。一度にたっぷりの休憩を取るより、こまぎれに休憩したほうが効率よく勉強できる。

## 勉強がはかどる〝リズム〟 ムダになる〝リズム〟

ビジネスマンのなかには、いろいろな勉強に手を出す人がいる。英語や中国語といった語学学習に加え、マクロ経済や金融といった経済関連の勉強も怠らず、さらには短歌や歴史といった教養系の勉強にも余念がない。こうした勉強をあれこれこなすにあたって、覚えておきたいコツが一つある。

勉強のリズムが似たもの同士を並べ、順番に片づけていくのだ。たとえば英語を勉強したあとには、同じ語学である中国語にとりくむ。一方、マクロ経済の勉強をしたときは、金融の勉強をするといった具合に、内容の近いものに手をつける。そのほうが学習内容に連続性が生まれ、脳が内容を把握しやすくなる。

逆に、内容がまったく異なるものを並べると、学習効率は低くなってしまう。英語の勉強のあと、金融の本を開いても、覚える内容も頭の働かせ方もまったく違う。語学用になっていた頭を金融用に完全に切り換えなければならない。その時間がムダになる。

違うもののほうが気分転換になって、リフレッシュした頭で取り組めそうな気もするが、脳はそれほど柔軟ではないのだ。

1日にいくつかの勉強を片づけたかったら、まずは時間割のようなものをつくってみるといい。学習内容にうまくリズムをつくれば、それだけ勉強ははかどるはずだ。

## 学習効果に大きく差がでる昼寝の効用

1日中勉強するときは、時間をより効率的に使うために、昼寝の時間を確保しておきたい。わずかの時間であれ昼寝をすることで、学習効率はより高いものになる。

昼寝の利点は、疲れてきた頭を復活させられること。人の頭脳活動は、午前と午後にそれぞれ一度ずつピークを迎える。

午前は10時ごろ、午後は3時ごろで、ともに食事から2時間後あたり、腹もこなれて集中力の増す時間帯だというのは前述の通り。

この朝10時と昼3時を比べると、より頭が働くのは朝10時のほうだ。とくに精神的な作業は午前中のほうが向くと、ゲーツという学者が指摘している。

午前のほうが頭が働きやすいのは、午後になると、どうしても疲れがたまってくるから。

朝10時が起床後まだ数時間しか経っていないのに対し、午後3時は8時間ぐらいは経過している。そのぶん頭も体も疲れていて、午前10時ほどには働かない。

そこで、午後3時以降、頭を十分に働かせるためには、いったん昼寝をして心身をリフレッシュさせるといいというわけだ。

スペインで昼寝の習慣があるのも、頭と体をリフレッシュさせるのが一つの目的。実際、昼食後に15分程度眠るだけで、頭の調子はずいぶんよくなる。わずか5分程度のまどろみでも効果がある。

昼寝は、ベッドで横にならなくてもいい。仕事中のビジネスマンの場合、休憩室のソファや公園のベンチでしばし目を閉じるだけでも、かなりの効果がある。

## インターネットが勉強のジャマになるこんなケース

インターネットは、使い方によっては勉強のよきパートナーになる。何かわからないことが出てきたとき、キーワード検索を使えば、簡単に解決することも多い。公式機関の発表や過去の新聞記事など、正確なデータを知りたいときにも便利だ。

ただし、ネットは意外に〝勉強の敵〟になりすいことも知っておきたい。とくに気をつけたいのは、時間の使いすぎである。

インターネットでは、クリック一つで、さまざまな情報に出会うことができる。興味をもったサイトをあれこれ見ていると、いつの間にか勉強のテーマと離れた画面を眺めていたということになりやすいのだ。

さらに問題なのは、勉強と無関係のサイトを見ている場合でも、パソコンを立ち上げているときは、いちおうデスクの前に向かっているため、「勉強している」という気分になりやすいことだ。

50分は趣味で見ていても、机の前に1時間座っていたら「1時間勉強した」と勘違いしやすいのだ。

しかも、パソコンの画面を見るのは、目にとって大きな負担になる。自分では気づいていなくても、30分も見ていれば、目はかなり疲労している。そのまま勉強を続けようとしても、目が疲れていれば、集中力を持続できない。

勉強中にインターネットを使うときは、「テーマ以外に横道にそれない」と心に決めておくことだ。興味あるサイトを見つけても、グッと我慢する。

## 苦手分野の勉強をしてはいけない魔の時間帯

人間誰しも、得意分野と苦手分野がある。苦手分野を克服するコツは、調子が出る時間帯を当てることだ。

ふつう、苦手な勉強というのは、最初か最後に回されることが多い。まず、苦手なものを最初にこなせば、あとが楽になると考える人は、最初に手をつける。ただ苦手なものが相手だと、頭はそう働いてくれない。ただ机に向かっているだけで、時間をムダに過ごすことにもなる。

かといって、苦手分野を最後に回すのも、効果を期待できない。頭はすでに疲れていて、ただでさえ頭に入りにくくなっている。苦手分野が相手では、ますます頭が働かなくなってしまうのだ。

そこで、苦手分野には、もっとも調子の出る時間帯を当てたい。調子の出やすい時間帯は、勉強を始めてから20～30分後、時間帯でいえば、前述したように一般には朝10時ごろ、午後3時ごろになる。ただ、個人差もあるので、経験上、夕方にいちばん調子が出る人は、夕方に苦手分野を勉強すればいい。頭が勢いづいていれば、苦手分野でも吸収できるものだ。

あるいは、得意分野を勉強したあとでもいい。

得意なことを学んだあと、頭はよく回転している。その活性化した頭で、苦手分野を克服しようというわけだ。

## 目標は1週間に区切って立てる

張り切って勉強を始めてみたものの、長続きしない例は少なくない。受験日のはっきりしている資格試験であっても、仕事を持ちながら勉強していると、途中で予定が大幅にずれこんで、挫折することにもなりがちだ。

また、3カ月後、半年後の資格試験が目標といっても、あまりにロングスパンの計画では、漠然としすぎていて、モチベーションを維持しにくい。

そこで、学習計画を立てるときは、1週間程度の小目標を設定することだ。その1週間で、問題集の○ページまで終わらせる、この項目とこの項目については頭に叩き込む、レポートを一つまとめるといった具体的な目標を定めるのだ。

1週間単位であれば、仕事や付き合いのスケジュールも、おおむね把握できるだろう。全体のスケジュールの中で、学習用に使える時間を割り出して、目標を立ててみる。1週間単位の目標なら、無理のない範囲で設定できるし、予定通り勉強ができなかったとしても、すぐに取り戻せるだろう。

こうして1週間ごとに小目標をクリアしていけば、自分自身への励みにもなる。大きな目標に向かって、勉強を長くつづけるコツは、1週間単位の小目標をたてて、一つずつクリアしていくことである。

## 「アフター5」より「ビフォア9」を上手に活かす

「アフター5」に対して、「ビフォア9」という言葉がある。起床から会社に入るまでの時間を指す言葉だ。この時間帯は、朝型のタイプの人にとって、勉強するにはもってこいの時間といえる。

たとえば、自宅をでる前に、机に向かってもよい。いまより1時間早く起きれば、その1時間を勉強にあてることができる。また、自宅では落ち着かないという人は、通勤電車が混む前に、オフィスの最寄り駅まで行けばいい。早朝からオープンしているカフェで、出勤まで勉強できるだろう。通勤時間の長い人は電車の中で勉強すればいい。その気になれば、「ビフォア9」には、有意義な時間を作り出すかなりの余地がある。

しかも、「ビフォア9」に勉強するという習慣がつけば、夜の過ごし方もおのずと変わってくる。意味のない付き合い酒や深酒を慎み、自然と翌朝に備えるようになるからだ。ライフスタイルをガラリと変えることも不可能ではない。

## 睡眠時間と能率の気になる関係

勉強するために、「睡眠時間」を削る人がいる。しかし、睡眠時間を減らすことには、百害あって一利もない。慢性の睡眠不足は、大きな弊害を伴うからだ。

たとえば、うつ病を誘発しないとも限らないし、第一、睡眠不足になれば、勉強の能率も落ちてしまう。一般的にいえば、7時間は睡眠をとったほうがいい。たいていの人は、7時間は眠らないと、仕事をしても、勉強をしても能率がガクンと落ちるからだ。ただし、個人差が大きいので、自分の頭と体がしっかり動くには、最低、何時間の睡眠が必要かを自分でよく知っておきたい。

また、人によっては、夜の睡眠時間を1時間減らして、帰宅後30分の仮眠をとった方が調子がいいという人もいるだろう。さらに、仕事の種類によっては、昼間に1時間の仮眠がとれる人もいるだろう。そういう人は昼間に仮眠をとることで、夜の睡眠時間を減らしたほうが、勉強がはかどるかもしれない。

いろいろな〝眠り方〟を試してみて、自分の体に合ったベストの睡眠時間、睡眠法を知るというのも、勉強のための時間をつくるテクニックである。

## 空腹時の勉強はムダになる、その根拠

食事をとる時間も惜しいと、朝飯抜き、ランチ抜きで勉強する人もいるが、これは下手な勉強法といえる。

空腹だと、たちまち脳の働きが鈍ってくるからである。クルマにガソリンが必要なように、脳には糖質と酸素の補給が必要だ。米や麦などの炭水化物が、体内でブドウ糖などの糖質に分解され、脳を動かすエネルギーになる。空腹になって糖質が不足すると、テキメ

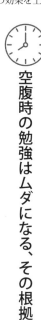

ンに脳の働きが鈍るのだ。

朝食を食べないタイプに、午前中ボーッとしている人が多いのも、脳へ供給するエネルギーが不足するためだ。

勉強中も、空腹を我慢していては、かえって能率が悪い。「勉強が終わってから、ゆっくり食べよう」と思うより、勉強前に少し食べておく。クッキーとコーヒーとか、バナナ一本でもいいから、脳にエネルギーを補給しておくことだ。

人は、食事時間も惜しんで勉強すると、「オレって、頑張ってるな」という気持ちになりやすい。

充実した時間を過ごしたと精神的には満たされても、その割には大した成果はあがっていないのが現実である。

## 1コマにするのに最適な時間とは

子どもが集中力を持続できるのは、せいぜい15分ぐらい。45分の授業中でも、何回か〝休憩〟をはさまないと、授業にならないという。

大人の場合、子ども並みの集中力ということはないが、一定時間を越えると、集中力がガクンと落ちるのは確かである。そこで、60分でも、90分でも、１００分でもいいから、自分の集中力がつづく時間を1コマと決めておくことだ。そして、このコマ単位を目安に勉強すれば、つねに効率よく勉強できるはずである。

サッカーのように時間制限のあるスポーツでは、いまや、だらだらと何時間も練習するのは時代遅れとされている。試合の時間に合わせて、45分間集中して練習すれば休憩を入れて、また45分間集中して練習する。合わせて90分のトレーニングをこなせば、そこでチーム練習をスパッと終わるというのが常識となっている。

何時間もがむしゃらに勉強していては、能率があがらないだけでなく、勉強そのものが嫌になってくるのがオチである。

## 締め切りの効用を上手に利用する

仕事でも、期限を区切らず、だらだらとつづけるよりは、いつまでに終わらせると締め切りが決まっているほうが、集中して取り組めるもの。勉強も同様で、「締め切り」を設けると、はかどり方が格段に違ってくる。締め切りの効用をうまく利用するのも、効率よく勉強するコツである。

たとえば、単純作業に関する実験によると、人間は、仕事を始めたときと、仕事の納期が迫ってきたときに、作業能率が上がることがわかっている。

仕事の開始時に能率が上がるのは、新鮮な気持ちで取り組めるからで、心理学用語ではこれを「初頭効果」という。

その後、中だるみの時期をはさみ、仕事の納期が近づくころに、再び作業能率が上がる。こちらは「終末効果」である。

このように、締め切りには、人間の潜在能力を引き出す効果があるのだ。それを勉強に利用しない手はない。自分なりに締め切りを設定して、時間を区切り、「初頭効果」と「終末効果」を意識的に生むようにする。

加えて、締め切りを守れたら「ごほうび」、守れなかったら「おあずけ」などと決めると、作業能率は格段にアップする。

締め切りを設定するには、自分で自分に締め切りを課す方法と、他人に締め切りをつくってもらう方法がある。

まず、自分で課す締め切りは、何月までにレポートにまとめるとか、発表するといった方法がある。また、資格試験をめざすなら、模擬試験を受けるというような「締め切り」を設定する。

強制的に、そうせざるを得ないような環境を自分で作り出せば、とりあえず目指す目標が明確になってくる。

ただし、自分でつくった締め切りは、守らなくても、誰にも文句を言われないため、甘えが生じやすい。そういう人は、他人に締め切りをつくってもらう方が効果的である。

資格試験を目指すとき、予備校に通うメリットは、こういうところにもある。宿題を出されたり、つぎの授業までに読まなければならない本を指示されることもあるだろう。定期試験や模擬試験、レポート提出も、自分を追い込む締め切りになる。

外部から、こういう小刻みな目標を設定されることは、一見、わずらわしいようで、じつは、勉強をつづけるためには大きな援護になる。

# 3

# 頭のいい人だけが知っている「記憶」の技術

## 他人に教えると、理解が深まるメカニズム

ある予備校の歴史の授業には、「模擬授業」の時間がある。「明治時代」「大正時代」のように時代ごとに担当を決め、学生の1人が教師役となって、他の学生に対して〝講義〟するという授業方法だ。

この方法、一見、遊びの要素が強いようにも思えるが、これは、教える側の学生にとって、非常に効果的な学習法といえる。「教える」側に立つと、ただ人の話を聞いているとき以上に、理解も記憶も進むからだ。

そもそも、人に知識や情報を教えたり伝えるためには、自分自身が深く理解し、細かな点まで記憶していなければならない。人の話を聞き、本を読んで、わかったつもりになっていても、あいまいな知識では、人にうまく説明できないからである。

その点、人に教えなければならないとなると、目的意識が一段と深まり、重要ポイントを明確にピックアップして、情報を頭のなかで整理することになる。また、自分の知識を人に伝えるという目的意識は、脳をフル回転させて、いつも以上の集中力が発揮されるの

だ。

また、「いつ、何を質問されるかわからない」という緊張状態が集中力を高めてくれる。

しかも、人に話して質問に答えると、答える側の理解はいっそう深まっていく。そういう作業をくり返すと、自然と反復学習となって、より鮮明な形で記憶が残ることになる。

だから、いちいち教壇に立つ必要はないが、覚えた知識はどんどん人に話す習慣をつけるといい。家族や友人知人、相手は誰だってかまわない。人に教えれば、あやふやだった知識が整理されて、理解が進むからだ。

## 知識の「具体化」が自分の財産になる

大阪地方・家庭裁判所などいくつかの裁判所では、毎年夏休みに小中学生を対象とした「子ども模擬裁判」が実施されている。これは、参加した小中学生が裁判官、検察官、弁護人、裁判員の役となって、あらかじめ用意された台本にそって、刑事裁判を進めていくというものだ。

参加した子どもたちからは、「裁判を身近に感じた」「むずかしい言葉もよくわかった」

「世の中に起きる事件について、興味が持てるようになった」などの感想がよせられ、なかには「裁判官や検事などの仕事につきたい。どうやったらなれるのか教えてほしい」という子どももいるという。

とかくむずかしそうに思える司法の世界も、模擬裁判という形で具体的に体験すると、興味が芽生え、大きな学習効果を得られるというわけである。

この例でもわかるように、現実に想定される条件を取り入れ、実際に近い状態を具体的に体験すれば、その情報に対する理解は格段と深まっていく。

近年、多くの自動車教習所が採用している「シミュレーター」もその一つといえる。室内に本物そっくりの運転席を作り、画面上にうつし出される映像を使って、急ブレーキやスピンなどの危機的状況を体感できるというものだ。それらの感覚を実際に味わうことで、緊張感や恐怖心が心に刻まれて、「ドライバーとして絶対にしてはいけないこと」が脳に強くインプットされるというわけだ。

古くから伝わる言葉に「聞いたことは忘れる。見たことは覚える。体験したことはわかる」というものがある。テキストなどから学んだ知識と現実の体験がタッグを組めば、よりいっそう理解が深まり、忘れられない記憶へと変化していくのだ。

## 「カタマリ」で暗記すると忘れないワケ

カラオケの練習をするとき、歌詞やメロディーを一小節ずつコマ切れに覚える人はいないだろう。もちろん、楽しくないうえ、非常に非効率的な記憶法だからである。

言うまでもなく、歌詞や曲には全体の流れがあり、一つのカタマリとして存在している。だから、何度も全体をくりかえし歌って覚えるほうが、気持ちもいいし、頭にも残りやすくなる。また、その快感が記憶を強化し、長く忘れずにいられるという効果もある。

これは歌だけにいえることではなく、一般に関連した事柄は、単独で扱うよりも、ひとまとめにしたほうが、より覚えやすくなる。

たとえば、英語の単語にしても、辞書を見ながら、agree（同意する）、aim（目的）、allow（～を許可する）……とアルファベット順に覚えていくのは、非常に効率の悪い暗記法だ。

それよりも、いくつかの英単語を一つのカタマリととらえて、agree（同意する）に対して、反対語は disagree（同意しない）、熟語の agree to～（～に同意する／ものの場合）、

agree with ～（～に同意する／人の場合）、I agree with him.（私は彼に賛成です）といった具合に、反対語や熟語、さらには文章の中でどのように使われているかまで、まとめて覚えていけば、知識は一気に増えていく。

また、このように、さまざまな角度から覚えると、もともとのagreeという単語自体も強く記憶され、ど忘れすることがなくなるという効果もある。

## 効果のある反復学習、ムダな反復学習

人間の脳は、同じ作業をくり返し行うと、その状態に慣れてしまって、自分ではそんなつもりがなくても、注意力がしだいに散漫になっていく。

しかし、記憶を積み上げるには、集中して反復することが重要だ。とくに、日本史や世界史などのいわゆる〝暗記物〟には、反復学習で記憶の精度をあげていくことが必要だし、資格試験にしても暗記しなければならないことが山ほどある。

だから、反復学習を行うときには、方法を工夫することが必要になる。たとえば、歴史の勉強なら次のような方法で脳に新たな刺激を与えながら、反復するといいだろう。

まずは、教科書を読み、次に別の参考書をざっと読んでみる。そのとき、教科書を読んだときにはよく理解できなかった箇所を思い出し、参考書ではどのように記されているのか、意識しながら読んでいく。参考書を読み終わったら、次は資料集や地図で同じ時代のことを調べてみて、最後に問題集へ取り組んでみる。

このように〝媒体〟を変えると、基本的には同じような知識を紹介してあっても、文章表現や写真の入り方などは微妙に違っているはず。この微妙な違いが意外に重要なのだ。似たような情報でも、微妙に違った形でくり返されると集中力はとぎれない。そういう形で情報が入ってくると、記憶するさいにも、脳は新しい情報にふれたように反応し、新鮮な気持ちで学習することができるのだ。

## 記憶力がグンとアップする「五感」活用術

昔の歌謡曲を耳にすると、その時代の記憶がよみがえり、懐かしい気持ちになることがある。また、漂ってきた草花の香りから、ふと子どもの頃、キャンプに出かけた楽しい記憶がよみがえることもあるものだ。

これらは、人間の記憶が、視覚、聴覚、触覚、嗅覚、味覚の五感と、密接な関係にあることを意味している。

ふつう、なにかを暗記しようと思ったときは、赤ペンで線をひいたり、紙に何度も書き写したり、ぶつぶつと声に出して読んだりするものだ。なかには、手や足を大きく動かして、その動作と関連づけて覚えたり、替え歌を作って暗記する人もいるだろう。

それも、なんらかの〝動作〟をともなったほうが暗記しやすくなることを経験的に知っているからだろう。たしかに、視覚だけから情報を入力したときよりも、耳で聞く、手を動かす、声に出す、リズムにのる、というように、いろいろな感覚から情報を受け入れたほうが、知識や情報はより記憶されやすくなる。

また、さまざまな感覚を使って暗記すると、ただ目で読んで覚えたときよりも、忘れにくくなる。これは、記憶した事柄がいくつかの回路を使って脳に送られてくるからで、たとえ一つの回路がふさがれても、別の回路を通じて記憶をたぐりよせる、要するに思い出す可能性が高まるのだ。

さらに、暗記するさい、五感をフル動員すると、記憶の定着に効果があるだけでなく、五感自体をきたえるトレーニングにもなる。五感はすべて脳につながっているから、こうした記憶法は脳の活性化や老化防止にも役立つのだ。まさに、いいことづくめの記憶法といえる。

## これだけは知っておきたい「脳」と「記憶」の最新常識

「人間の脳神経細胞は、年をとるごとに減少していく」というのが、脳をめぐる長年の常識だった。脳細胞の数は、生まれたときに決まり、あとは減っていくだけで再生しないと考えられていたのだ。

しかし近年、「大人になっても、新しい脳細胞が生まれる」という研究結果が相次いで報告され、話題をよんでいる。

過去の〝定説〟を人体実験ではじめて覆したのは、アメリカのソーク生物学研究所とスウェーデンのサールグレンスカ大学の共同研究グループ。彼らは、新たに生まれた細胞にだけ結合する物質を50～70歳のがん患者5人に投与するという実験を行った。

すると、患者の死後、解剖して脳組織を調べたところ、記憶に関係する「海馬《かいば》」という脳内の部位で、この物質が検出されたのだ。これは、成人の脳でも、新しい神経細胞が作られるという証明になる。

また、２００５年9月、久恒辰博・東京大助教授らの研究チームは、海馬の神経細胞が「シータ波」の刺激によって増加することを突き止めた。

シータ波とは、何かを記憶しようとしているときや、学習に集中しているときに現れる脳波。つまり、毎日のトレーニングで体の筋肉が鍛えられていくのと同様に、勉強して脳を使ってシータ波を出していると、海馬の神経細胞が増加し、学習能力が高まることが科学的にはっきりしたのだ。

そもそも、新しいことに取り組んだときや、自分の能力を少しだけ上回る目的をもったときは、ストレスを感じることなく、シータ波が出ることがわかっている。要するに、脳を遊ばせることなく、何か新しいことにチャレンジしたり、具体的な目標をもち続けていると、脳は新しい神経細胞を作り出していくというわけである。

## 記憶をわけている二つの入れ物

記憶には、「短期記憶」と「長期記憶」の2種類がある。

たとえば、電話をかけるとき、一時的に番号を覚え、プッシュボタンを押し終えるとすぐに忘れてしまうような記憶は「短期記憶」。一方、親しい友人の名前や、かけ算の九九など、長期間記憶している事柄が「長期記憶」である。

脳内で「短期記憶」が〝貯蔵〟されているのは、先にも述べた海馬と呼ばれる部分。海馬は「記憶の司令塔」とも呼ばれ、新しいことを覚えるには不可欠な部位だ。

1953年、難治性のてんかん患者から、海馬を含めた側頭葉の切除手術を行ったところ、30分前に食事をしたことなど、新しい情報はまったく覚えられなくなってしまったという症例が残されている。

新しい情報が入ってくると、脳細胞は専用のネットワークを作って、情報を受け入れる。この新しい情報は、いったん海馬に入ったあと、視床下部に送られ、再び海馬へ……と脳内をめぐっていく。

その間に、その記憶された情報を利用（要するに思い出すこと）すれば、情報は大脳新皮質の連合野という場所へ移動し、「長期記憶」として残りやすくなる。

簡単に言えば、記憶には二つの入れ物があり、一定の期間内に短期から長期の入れ物に移さないままにしておくと、そのうち消えてしまう（忘れてしまう）という仕組みになっているのだ。

つまり、本当に覚えたいことは、「短期記憶」として脳に入ってきたものをそのままにせず、海馬を中心に脳内をめぐっている間に「長期記憶」へと変化させるのが、いちばんの近道になる。

そのためにも、人に話して思い出したり、反復学習して情報を再認識していくことが必要になるというわけだ。

## 「3日もたてば、ほとんど忘れる」と心得よ

記憶に「短期記憶」と「長期記憶」の2種類があることは、前項で述べたとおり。ここでは、短期記憶を長期記憶に変えて、脳に深く刻み込むため、具体的にはどうすればいいのか、紹介してみよう。

ドイツの心理学者エビングハウスが行った古典的な記憶実験によると、人は学習した記憶を20分後には42%を忘れ、1時間後に44%、1日たつまでに66%、3日後までに75%忘れてしまうという。

つまり、一度学習したくらいでは、3日もたてば、ほとんどの記憶は消えてしまうことになるのだ。

この「エビングハウスの忘却曲線」を参考にして、「復習」のタイミングを考えると、勉強したことを1日以内に復習をすれば、かなりの確率で記憶が定着するということになる。

授業間の休憩時間や学校の行き帰りなどに、ほんの少しでも復習を行い、理解した情報を長期記憶の入れ物に放りこんでしまえば、その知識はストックされ、必要な信号さえ送れば、すぐに取りだせるようになるというわけだ。

ただし、その記憶も、しばらく使わないと、しだいに取り出しにくくなってくる。覚えていたはずの人名や店名をどうしても思い出せず、イライラした経験は誰にでもあるだろう。

ただし、これは脳内のデータが完全に失われてしまったわけではなく、回路がさびつき、信号が流れづらくなっているだけのこと。

だから、改めて調べるなどして記憶を確認すれば、その後はよりスムーズにデータを取り出せるようになる。

## 知っているものと結びつけて覚えると忘れない

「ビートルズのメンバー4人の名前は?」とたずねられたら、あなたはどう答えるだろうか。日本人の場合、1リンゴ・スター、2ジョン・レノン、3ポール・マッカートニー、4ジョージ・ハリスンの順に名前をあげる人が多いという。

本国イギリスやアメリカでは、「いちばん存在感がない」「お荷物」とまで言われ、作詞作曲や歌手としての才能も、他のメンバーほどには恵まれなかったリンゴ。

そんな彼の知名度が日本でのみ高い理由は、もちろんその名前が果物の「リンゴ」と同じ発音だから。

普通は覚えにくい外国人の名前でも、リンゴのような既知の情報に結び付くと、記憶しやすくなるという好例だ。

そもそも記憶は、さまざまな事柄がバラバラに存在するわけではなく、基礎的な情報のうえに徐々に積み上げられていくもの。たとえば、「鰯」という漢字を覚えるとき、まずは実物の鰯をイメージし、「たしかに、イワシは魚の中でも弱そうだな」という既知の情報に基づいて、「魚偏に弱い」と暗記する。

こうして、小さく弱そうな魚という既知の情報と漢字が組み合わされて、その書き方は簡単には忘れない知識となる。

このように、すでに知っていることを基礎にして、そこに新たな知識を連結させて覚える方法のことを「基礎結合法」という。

自分の知っている知識を手がかりにすると、新しい情報でも覚えやすく、記憶として固定しやすくなるのだ。

## 覚えたいことは「ストーリー」で記憶する

歴史の勉強といえば、多くの人は年号や用語、人名の暗記と思っていることだろう。しかし、教科書に出てくる情報を最初から最後まで丸暗記するというのは、どだい無理な話。

社会科の苦手な人ほど、はじめからみっちり覚えようとしてまとめノートを作りはじめるものの、すぐにイヤになって奈良時代や古代ローマあたりでおしまいというパターンになりやすい。

歴史は、世界を舞台とした壮大な人間ドラマである。それだけに、一定の時代だけを取り出して覚えるよりは、まずは重要事項を飛び飛びに覚えて、歴史の流れを把握、その後、細かな情報をインプットしていくほうが、記憶法としては効果的だ。

そのさい重要なのは、年号などの細かな情報を最初から完全に覚えようとはしないこと。まずは、「○○という事件があった」「○○という人物がいた」程度のうろ覚えの知識を増やしていく。

そうして大まかな流れをつかみ、その後、年号や人物名などを穴埋めするように覚えていく。最初に流れをつかんでいれば、前後の出来事がそれぞれ影響しあっていることが見えてくるし、時代把握を誤るといった初歩的なミスを防ぐことができる。

同じように、古典や漢文の学習でも、まずは『徒然草』ならば「吉田兼好というおじさんが、世の中のことをつらつら書いた随筆のようなもの」とイメージしておく。そのうえで、現代語訳をざっと読んでみる。

こうして、おおまかな流れがわかっていれば、古文単語の一つや二つ、意味がわからなくても、話の流れはつかめるし、なによりも学習を進めやすくなる。

とくに時間がないときほど、この重要事項をまず覚えて流れをつかむ方法は有効だ。

## 頭の中の「タンス」を整理するちょっとした方法

人間の頭の中は、タンスにたとえられることが多い。そこには、小さな引き出しがたくさんついていて、情報をキチンと分類して入れておけば、適切なときに引き出せるというたとえ話である。たしかに、片付いていない引き出しから、必要なものを取り出すのは面倒な話。記憶も、覚えたいことを分類し、整理することは、大切な一歩といえる。

たとえば、次の10語を覚えてほしい。

柱時計、アジ、マグロ、テレビ、父親、エアコン、妹、サンマ、祖母、ストーブ

もちろん、そのまま覚えてもかまわないが、これらの言葉をいくつかのグループに分けると、確実に覚えやすくなる。たとえば、

家にあるもの↓柱時計、テレビ、エアコン、ストーブ

魚→アジ、マグロ、サンマ
家族→父親、妹、祖母

というように、カテゴリ別に〝引き出し〟へ入れると、覚えやすくなることは一目瞭然だろう。〝ダンスの引き出しを整理する〟ことで、より速く正確に覚えることが可能になるのだ。

また、日本史には、黒田長政と山田長政のように、よく似た名前の人物が登場する。黒田長政は、安土桃山時代から江戸時代にかけての武将・大名。山田長政は、江戸時代前期にシャム（今のタイ）の日本人町を中心に東南アジアで活躍した人物だ。

このまま暗記しようとすれば、混同してしまう恐れもあるが、「黒」と「山」の差異に焦点を当てて「黒が武将で、山がシャム」とでも覚えておけば、記憶のなかでハッキリとした違いがついてくる。

このように、日ごろから、種類別に分類する、または差異に目をつけることを習慣にすると、しだいに記憶の引き出しは整とんされて、出し入れが自由自在になっていくというわけだ。

## 「一夜づけ」はやめたほうがいい本当の理由

明日に迫ったテストに向けて、「徹夜で一夜づけでも……」と考えるのはよくある話。でも、せっぱ詰まった状態で、多量の情報を一気に覚えようとしても、うまくはいかない。長時間、似たようなことを勉強すると、能率は落ちていくばかりだ。

たとえば、はじめの1時間で10ページ分の暗記ができたとする。すると、「あと2時間あれば、その2倍で20ページはいける！」と単純に考える人もいそうだが、これは大きな勘違い。

人間が何かを記憶するとき、その効率は時間を追うごとに低下していく。はじめの1時間で10ページ進められたとして、残り2時間では10ページも進められればいいほう。次の1時間は、さらに能率は低下していく。

記憶に関して集中力を維持できる時間は、一般的に大人で1時間、子どもなら20分程度といわれている。もちろん、個人差はあるにしても、頭がなんとなくぼんやりしてきた、もしくは集中できなくなってきたと感じたら、そのときは間違いなく記憶の容量を超えている。

そんなときは、休憩をとって、頭をしばらく休ませるしか方法はない。もしくは、同じ暗記物でも、英単語と歴史など、内容が異なり、少しは気分転換できるものに乗りかえることだ。

## 環境と記憶力に関係はあるか

ＰＴＳＤ（外傷後ストレス障害）という言葉を耳にしたことがあるだろう。

これは、強いストレスや、不安・不眠などにより、脳内の海馬に異常が現れる症状のこと。もともとは、ベトナム戦争や湾岸戦争の帰還兵に多く見られた症状で、戦場での恐怖や、死に対する極度のストレスにより、妄想や幻覚に悩まされて普通の生活が送れなくなるなど、多くの人がこの病に苦しめられた。

彼らの脳内をＭＲＩという機械で調査したところ、記憶をつかさどる海馬が、極端に萎縮していたことがわかっている。

ではなぜ、ストレスは、脳や体に悪影響を与えるのだろうか？

人が恐怖や不安を感じたときには、下垂体から副腎皮質ホルモン（コルチゾール）が放出される。これは、恐怖に耐えたり、緊張状態を保つために必要なものではあるが、大量に分泌されると、脳細胞そのものを破壊してしまう諸《もろ》刃《は》の刃《やいば》のような物質だ。

たとえば、強いストレスを感じたときや、ウツ状態になったとき、または幼児期に虐待を受けた人に同じような症状が見られ、脳は萎縮して記憶力が落ちていく。最初のうちは、海馬の働きが低下するだけだが、その状態を放置しておくと、海馬の細胞は死滅し、記憶力が戻らなくなる。

これは、「昔の苦しい体験を思い出したくない」「悲しいことは忘れたい」という脳の自己防衛的な働きなのだ。

だから、脳を活性化させ、記憶力をよくするには、まずは落ちついた精神状態を保てる環境づくりが必要だといえる。

## 年齢によって「記憶法」はどう変えるべき？

記憶力は、年齢と深く関係している。

たとえば、小学校低学年までの子どもは、機械的な記憶、いわゆる丸暗記がひじょうに得意だ。かけ算の九九をこの時期に丸暗記させるのもそのためで、高校生や大学生になってしまうと、あのようなやり方で九九を覚えるのは難しくなってくる。また、言語学習においては、6歳までの子どもがいちばん習得能力が高いと言われている。

このように、何かを記憶するには、それに適した年齢がある。一般的には、中学生〜高校生あたりから〝丸暗記力〟は衰えはじめるが、代わりに論理立てて覚える能力が発達してくる。

要するに、そのくらいの年齢になれば、数学の公式を丸暗記するよりも、その公式の成り立ちを理解しながら覚えていったほうが、効率的というわけだ。それに気づかないまま、いつまでも同じような勉強法をくり返していると、記憶の効率は下がる一方になる。

そういう人に限って、記憶力が低下したと感じ、学習へのやる気が保てないということになりやすい。

しかも、そういうマイナス方向の自己暗示は、集中力に悪影響をおよぼして、さらに記憶力を低下させることになる。

だから、10代も後半、さらに大人になった人は、丸暗記しようとするのではなく、内容を整理し、理解を深めながら記憶するほうが合理的といえる。そして、自分の年齢に応じた記憶法を意識し、いつもポジティブな気持ちで勉強することが大切だ。

## マイナスの自己暗示に要注意のワケ

「記憶力が弱いから、暗記物は全部苦手」と嘆く学生がいる。また、30歳を過ぎたあたりから、「最近、もの忘れがひどくなった。年だからなあ……」と愚痴をこぼす人もいる。はっきり言って、どちらも自らマイナスの暗示を与えて、記憶力をさらに悪くしている人たちといえる。

何かを覚えるには、ある程度の時間と努力、そして工夫が必要だ。しかし、「暗記が苦手」と思い込んでいる人は、必要な努力や工夫をしていないことが多い。勉強に取り組もうとしても、「苦手」という意識がストレス状態を引き起こし、脳の働きを鈍らせてしまうからだ。

「物忘れがひどい」と嘆く人もまた、年齢を言い訳にして、努力を怠っているタイプといえる。脳内に貯蔵された記憶に信号を送り、引っぱり出すことで、物忘れは解消される。

ところが、記憶を呼び起こすちょっとした努力を怠っていると、脳はますます錆びついて、記憶力は減退していく一方になる。

たしかに、記憶力には個人差があるし、また30代になれば、10代の若者にくらべて記憶力は落ちているかもしれない。しかし、「暗記は苦手だからやっても仕方ない」「もう歳だし、今さら勉強なんて」という思い込みは、明らかな勘違い。

多少年齢を重ねても、「自分ならできる」というプラス暗示をかけ続け、情報を脳に入力する方法を間違えなければ、記憶力は極端には落ちていかない。

## 記憶力をアップさせるカシコい「休み方」

長時間、机に向かって勉強や仕事をしていると、体は疲れていないのに、頭がボーッとしてくることがある。それこそ、脳が疲労している状態だ。

体が疲れきったときは、休息をとらなければ、もう一度立ち上がることはできない。脳もそれと同じで、「疲れてきたな」と感じたときは、無理をせずに頭を休ませることが必要だ。とくに、記憶力をめぐっては、疲労と休息のとり方が効率を大きく左右する。

人間の体のなかには、無数の神経がはりめぐらされているが、そのなかで心臓を動かしたり、汗をかくなど、自分ではコントロールできない生理的バランスをつかさどっているのが、「自律神経」だ。

さらに、自律神経は「交感神経」と「副交感神経」に分かれ、車のアクセルとブレーキのように、必要に応じて切り替わっている。緊張したり、緊急事態がおきたときは交感神経が働きはじめ、リラックスしたときには副交感神経が働く。

勉強や仕事を続けるのは、この交感神経を働かせ続けているということであり、長く続ければ、どこかに無理が出てくる。1日のうち、何度かは副交感神経を中心に働かせて、疲れた体や脳を休めることが必要だ。

副交感神経を働かせるためには、とにかく休息をとること。仮眠してもいいし、好きな音楽を聞いても、湯船につかってぼんやりしてもいい。自分にとってリラックスできる状態になれば、脳内では「アルファー波」が放出され、体と脳を休め、次の行動への活力を生み出してくれる。

散歩や体操でかるく体を動かしてもいいし、もっと手っ取り早い方法でいえば、あくびや深呼吸をして脳に酸素を送るのも効果的だ。それだけのことでも、頭がスッキリして、集中力がよみがえってくるはずだ。

## 覚えられないのか、理解できないのか

勉強をしていると、なかなか頭に入らないことがある。そんなとき、「なんて、記憶力が悪いんだろう」と嘆く人がいる。しかし、そう嘆く前に、覚えようとしていることを理解できているかどうかをチェックしたほうがいい。

記憶力を左右するファクターの一つに、「理解」がある。人は、誰でも、理解できていることは覚えやすいけれど、理解できていないことは、なかなか覚えられない。

かつて、パソコンの解説書は、難解で、何が書いてあるのかわからないといわれた。一昔前までは、そんな難しい解説書と悪戦苦闘しながら、一つずつ操作を覚えていかなければならなかった。しかし、いまでは、わかりやすい解説書が増えたおかげで、多くの人が理解できるようになったし、操作も楽に覚えられるようになった。

記憶力を高めたいなら、まず、わかりやすい入門書を探すことが大切である。勉強の分野を問わず、自分のレベルに合った入門書なら、無理なく頭に入ってくるものだ。

ちなみに、わかるというのは快体験なので、理解できればますますやる気がでるし、関心のレベルも上がってくる。自分に合った入門書で、そうした好循環を演出できれば、すんなりと頭に入っていくものである。

## 記憶したい情報は何度も脳に送り込む

夜に覚えたことを翌朝に復習しても、それだけではいずれ忘れてしまう。普通は、覚えてから1カ月前後で、記憶の歩留まりは極端に悪くなる。記憶するには、しつこいくらい復習することが大切なのだ。それは､脳内で次のようなメカニズムが働いているからである。

インプットされた情報は、まず「海馬」に保存される。その後、海馬は、いったん保存された記憶を長く残すべき情報と、そうでない情報にふるいわけていく。そして、「長期記憶として残す」と判断した情報だけが側頭葉へ送り込まれる。この海馬が記憶の重要度を判断する期間が、ほぼ1カ月というわけだ。

現実に、何度も何度も復習したり、思い出したりしていると、海馬にはその情報が繰り返し送り込まれ、使用頻度が高ければ、それだけ重要な情報だと判断される。最終的に、

「長期記憶」として側頭葉におさまった情報は、そう簡単には忘れなくなる。

とくに、社会人になると、毎日勉強することは難しい。それだけ反復練習がしにくいということでもある。「大人になって記憶力が落ちた」と嘆く人が多いのは、じつはこの反復練習をする機会が減ることも、大きく関係している。だからこそ、こまめに時間を見つけて、何度も復習することが、より必要になる。

## 覚える量が多いときは〝覚える単位〟にまとめよ

たとえば、「ハインリッヒシュリーマン」という一二文字の言葉を覚えるとき、ただ文字が並んでいるだけより、「ハインリッヒ・シュリーマン」と、間に「・」が一つ入って区切られるだけで、ずいぶん覚えやすくなる。

電話番号も同じで、「98××―36××」というように、間にハイフンが入っているほうが覚えやすい。ただ数字が並んでいるだけでは、八つの数字をいっぺんに覚えなければならないが、ハイフンで区切れば、四つ一組の数字を二つ覚えればすむからである。

このように、長いものを区切って覚える記憶術は「チャンキング」と呼ばれている。そして、この方法を究極的に実践したのが、トロイの遺跡を発掘したハインリッヒ・シュリーマンの外国語習得法だった。

1822年、ドイツに生まれたシュリーマンは、8歳で、ギリシア伝説に登場する伝説の都市トロイの存在を知る。以来、いつか、自分の手で発掘したいと思うようになった。貿易商となり、遺跡発掘の資金を稼ぐが、そのさい、大きな武器となったのが、ドイツ語の他に、英語、フランス語、オランダ語、スペイン語、ポルトガル語、スウェーデン語、イタリア語、ギリシア語、ラテン語、ロシア語、アラビア語、トルコ語と、じつに13もの言語を話せたことだった。

彼の語学勉強法は、ある本を丸ごと母国語で暗記したうえで、その本の外国語訳を丸暗記するという方法だったという。

外国語の習得では、単語よりも熟語、熟語よりも短文で覚えたほうが記憶しやすい。本1冊という情報量は同じでも、短文にすれば、覚えなければいけない情報単位の数が、単語を一つずつ覚えるより、大幅に減るからである。

外国語に限らず、たくさんの情報量を記憶しなければならないときは、〝覚える単位〟を大きくして、覚えなければならない数を減らすことだ。

# 4
# 「脳力」アップの決め手の裏ワザ

## 自分で計算するクセをつけて「脳」を鍛える

いまどきは、仕事の計算はパソコンがやってくれるし、買い物の計算はレジにまかせればいい。自分で暗算しなければならないシーンは、そのぶん少なくなっている。ラクチンな世の中ではあるが、問題はそれでは脳は退化していくこと。脳力をアップさせるには、簡単な計算は自分でしたほうがいい。

簡単な計算の繰り返しには、脳を鍛える効果がある。数学の難問を解くよりも、頭にいいとされているほどだ。

クレペリン検査という簡単な計算を繰り返す検査がある。この検査中とコンピュータゲームをしているときの脳を、東北大学の川島隆太教授が比較研究したところ、脳がより活発に動いたのは、簡単な計算をしているときだった。簡単な計算をすると、脳のさまざまな部分が活性化されるのだ。

こうして脳をトレーニングしてると、より高度なレベルの課題にも取り組めるようになる。それを実践したのが、「百マス計算」を繰り返す陰山メソッドだ。

陰山英男氏が提唱した手法で、縦横それぞれ10マスに適当な数字を入れ、縦マスと横マスの数字で足し算や引き算を繰り返し行う。これを毎日行った生徒は脳力が高まり、何人もが国立の難関大学に合格するなど、高い実績をあげてきた。

大人の場合、百マス計算に挑まなくても、毎日の生活の中に暗算を取り入れるだけで脳力をアップできる。たとえば、コンビニで買い物したとき、さっと暗算してみる。「４８０円の弁当に１４５円のお茶、これに２２０円の雑誌を足すから８４５円」といった具合で、正解かどうかはレジで確認できる。

あるいは飲み屋での割り勘も、暗算でしてみる。５人で2万１０００円なら、１人４２００円とさっと出てくるようなら、脳は活発に動いていることになる。

## 好奇心の「芽」を育てる一番確実な方法

何かに興味を感じたときは、効率的に勉強できるものだ。興味や好奇心を覚えたことに対し、脳は活発に働くため、効率的に知識を吸収できるのだ。

たとえば、仕事をしていて、出張先の都市にラーメン店が多いと感じたとする。そんなときは、その街になぜラーメン店が多いかを調べるといい。そこで収穫があれば知識は増えるし、頭を大いに使ったことになる。

家事でも同じだ。たとえば「大根は、どこまでが根なのだろう？」とふと疑問に思ったとき、インターネットや百科事典で調べてみる。テレビを見ていて世界遺産に興味をもったなら、これまた関連する文献を調べたり、インターネットで調べたりする。すると、知識は増えるし、頭を働かせたことにもなる。

そんなときの気構えとしては、あまりしゃちほこばらないことだ。「自分で調べてこそ勉強」などと、一人で文献を漁ることはない。わからなければ人に聞いてもいい。そこからヒントをつかみ、あれこれ考えをめぐらすだけでも脳力は高まっていく。

## 脳の大敵・ストレスを上手に飼いならすコツ

脳にとっての最大の敵は、ストレスである。

ある程度のストレスは刺激にもなるが、あまりに強かったり、連続すると、脳は消耗し、老化していく。

とくに、強いストレスをため込んでしまうと、脳力はダウンするいっぽうになる。中間管理職層が「いいアイデアが浮かばない」とボヤくのも、ストレスをためこんでいることが原因というケースが多いという。

そこで必要となるのが、日頃のストレスを解消する生活テクニック。ストレスをためこまないためには、まずは感情を発散することだ。

喜怒哀楽を自分の中で抱え込んでしまうと、それがストレスになる。とくに、マイナスの感情をためこまないようにしたい。

それには、自分の感情を素直に話せる人間を見つけておくことが大事だ。会社や学校にそんな友人、同僚がいれば大助かりだ。

会社や社内でなくとも、探せばいろいろいるはずだ。家族や恋人も、いい相手になる。軽くアルコールでも飲みながら話せば、感情を出すのが苦手な人も出しやすくなる。

よく笑うのもいい。鬱屈した気分のときでも、ワハハと笑えば、暗い気分はどこかへ消えてしまうものだ。

映画で笑うのもいいし、マンガを読んで腹を抱えるのもいい。落語や漫才を聞くという手もあるし、知人とバカ話に興ずるのもいいだろう。

こうして、ストレスを発散させる一方、ストレスのタネをつくらないようにもしたい。ストレスが生まれるのは、一つには何かに期待しすぎるからだ。自分の期待どおりにいかなかったとき、それがストレスになってしまう。

たとえば、仕事での成功や昇進に期待しすぎると、うまくいかなかったとき、大きなストレスが生じるのだ。

物事に過剰な期待を抱かなければ、ストレスはそうは増えない。それが、自分の脳を守ることにつながるのだ。

## 脳のためになる生活、脳が衰える生活

夜遅くまで起きて朝方眠り、昼から夕方にかけて起きて……といった生活は、脳にはよくない。脳はストレスに弱いからだ。

気ままなライフスタイルは、やがて体にストレスを与え、脳にもストレスをかけてダメージを与えるのだ。

ストレスの少ないライフスタイルは、朝早く起きて、夜はちゃんと寝るといった規則正

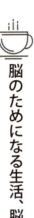

しい生活。昔の人が「早起きは三文の得」といったのにも、生活に根ざした実感があったはずだ。

また、脳のためにも、飲酒はほどほどにしたい。深酒を繰り返していると、生活が乱れていくうえ、酔ったときの睡眠は、酔っていないときよりも浅くなる。深夜まで酒を飲んで、ただでさえ床につくのが遅いのだから、二重の意味で睡眠不足になってしまうのだ。

睡眠不足は、脳に大きなストレスをかける。しかも、翌日まで酒が残っていれば、日中も脳にダメージを与えることになる。これでは、脳はたまったものではない。

喫煙の習慣も、脳にストレスを与えることになる。「タバコを吸ったほうが、いいアイデアが浮かぶ」という人もいるが、これは大きな錯覚。現実には、タバコを吸っていないとき、禁断症状でイライラするから、頭が働かなくなるだけのこと。吸わないときが最低の状態なので、吸うと頭が冴えるような気がするのだ。

## 脳力アップのためには「好きなこと」をやる!

意気込んで勉強を始めても、さっぱり頭に入ってこないことがある。

これは、脳が自分の好きなものにしか反応しないため。たとえば、世界史に興味がなければ、暗記できないのは当然のことだ。そのため、いくら参考書を読んでも、頭に残らないのだ。

逆にいえば、興味をもっているときには、脳は活発に動く。たとえば、他の学科はダメでも、数学に興味があるなら、数学に対しては頭がよく働く。

そして、数学に向けて脳を使えば使うほど、脳の神経細胞同士がネットワークを結び合って、さらに数学脳が発達していく。脳を興味のあることに使えば、脳力は確実にアップするのだ。

その意味で、脳というのは、じつにわがままな器官といえる。興味のある方向では活発に働く一方、興味のない分野にはそっぽを向いてしまう。そんな脳の特性を知って脳とつきあうことが、脳力を効率よく高める方法といえる。

だから、脳力を高めるためには、やる気の起きない事柄を無理に続けないことだ。関心をもてないことを無理にしても、頭には何も残らない。そんなものはさっさとあきらめて、興味のもてる方向に力を注いだほうがいい。

この場合、〝専門バカ〟のような偏狭な頭脳になるかというと、そんなことはない。脳が活発に働けば、脳細胞神経同士のつながりが強化され、これまで関心のなかった事柄も視野に入ってきやすくなるからだ。

興味のある事柄で脳を鍛えれば、いつしか幅広い興味を抱けるようになるのだ。

## 心地よい音楽を聞くと、記憶力が高まるワケ

子どもの早期教育として、よく推奨されるのが「バロック音楽」である。「バロックを聞かせると、頭のいい子が育つ」というわけだ。

子どもに限らず、大人もバロックを聞くと頭がよくなるといわれる。これには根拠があって、バロック音楽だけでなく、モーツァルトをはじめ、心地よい音楽を聞くと気分が高揚し、知的な能力がアップしていくことが明らかになっている。

ブルガリアの心理学者Ｇ・ロザノフ博士は、15人の男女を被験者にして、バロック音楽を聞きながら外国語の学習をさせたところ、学習効果が大きく高まったという。

また、アメリカ・ウィスコンシン大学のフランシス・ローチャー博士、ゴードン・ショー博士は、バロック音楽ではなく、モーツァルトの曲で実験を行った。学生たちにモーツ

ァルトのピアノソナタを聞かせながら、いろいろなテストを試したところ、モーツァルトの音楽を聞いた場合、空間的な認知能力が高まることがわかった。

というわけで、バロック音楽やモーツァルトの音楽には、脳力を向上させる力があるようだ。だから、仕事や勉強に集中しにくいときは、心地よい音楽をしばし聞いて、脳を活性化させるといいだろう。あるいは聞きながら、仕事や勉強をしてもいい。ときどきはクラシックコンサートに足を運ぶのも、脳力向上に役立つはずだ。

## 脳のリラックスがもたらす思わぬ効果

イライラしているときは、頭はほとんど働かなくなる。頭を使っているつもりでも、どこか手抜かりがあるものだ。イライラが続けば、発想も貧困になりやすい。

ここで気分をうまく変えて、リラックスした時間をもてれば、頭はうまく働くようになり、アイデアも出てきやすくなる。

リラックスすると脳が冴えてくるのは、脳波に「α波」が多い状態になるからだ。脳波には、α波からβ波、γ波、δ波、θ波の5種類がある。たとえば、β波は、周波数20へルツの状態を指し、これが出ているとき、脳は緊張状態にある。嫌いなことをしている場合が多く、脳は思うようには働いてくれない。

一方、α波は10ヘルツの周波数で、これが出ているのは、脳がリラックスしている状態。α波が出ているとき、脳は効率よく働き、思いもよらないアイデアも飛び出してくる。

このα波が出ているとき、脳内ではβエンドルフィンという物質が盛んに分泌されている。βエンドルフィンはA10細胞を活性化させ、これが脳内の「海馬」に刺激を与える。海馬は記憶と深く係わる場所なので、結果として記憶力が高まるというわけだ。

このα波が出やすくなるのは、リラックスしているときなので、そのためには目を閉じたり、何か楽しいことを考えてみるといい。イライラしがちな脳をいい状態に戻し、さらに脳力をアップさせてくれるというわけだ。

## 「過剰学習」が頭を悪くする⁉

脳は、基本的に忘れやすくできている。

一度覚えたことでも、復習しなければしだいに忘れていくというのはすでに触れた通りだが、だからこそ、復習をして、記憶を補強していく必要がある。

ただし、どんなに重要な事柄であれ、いつまでも同じ内容をくり返し復習するのは禁物だ。

同じところを繰り返し勉強することを「過剰学習」というが、難しい問題だからと、毎日毎日同じ問題を解いていたのでは、学習効率が悪くなるうえ、脳にもダメージを与えかねないのだ。

「なんとしても記憶しなければならない」という思いが過剰になると、精神的なストレスになる。脳はストレスに弱いため、これが脳力ダウンにつながるのだ。

脳にストレスがたまると、他の仕事や勉強にも悪影響を及ぼしかねない。アイデアも出てこなくなる。過剰学習をしていては、脳は働かなくなるばかりなのだ。

どうしても忘れたくない事柄は、毎日反復するより、ときどき思い出して確認する程度でいい。実験によると、勉強した翌日に復習すると、しないときよりも、はるかに記憶の定着率が高まる。その後は1週間後に復習し、さらに1カ月後に行うぐらいが、最も効率のよい記憶の定着法とされる。

どんなに重要な内容でも、毎日復習するのは過剰学習になる。翌日、1週間後、1カ月後に復習する程度で十分だ。

## 脳力を全開にする意外な「食べ物」

大事な仕事をするまえ、ビフテキやとんかつを食べて、腹ごしらえすることがあるだろう。エネルギーをたっぷり補充して仕事に臨もうというわけだが、これは脳へのエネルギー補充にもなっている。

肉を食べると、その満腹感が人の心を幸せにする。それが、やる気を起こさせるからだ。脳科学的にいうと、肉を食べると、脳内に「トリプトファン」という物質が増えて、それが満足感や幸福感を生み、たまっていたストレスを取り除いて、脳を活性化させるのだ。

このトリプトファンは必須アミノ酸で、残念ながら自分の体内でつくることができない。食事で補う必要があり、最も多く含んでいるのは肉の赤身。赤身の肉を食べれば脳内にトリプトファンが増え、脳が元気になるというわけだ。

トリプトファンの効用は、うつ病対策に生かされていることからもわかる。うつ状態を抜け出すために使われるセロトニンという薬は、トリプトファンからできているのだ。トリプトファンこそ、脳を元気にする源といっていい。

肉と聞くと「太る！」と敵視する人もいるが、まったく摂らないのは脳の〝健康〟を損ねる原因になる。脳を健康な状態に保つためには、肉を適度に食べることが必要なのだ。

## 疲れた脳にコーヒーがいい理由

長時間勉強していると、途中でコーヒーが飲みたくなるという人が多いだろう。コーヒーを飲むと頭がすっきりして、ふたたびやる気が湧いてくるというのだが、実際コーヒーには脳を活性化させる力がある。

一つは、コーヒーの香りである。コーヒーの香りをかぐと、脳波にα波が多く表れるのだ。α波が増えるのは、脳がリラックスした状態にある証拠。ストレスが消えて、脳が活性化されれば、勉強の効率も上がろうというものだ。

また、α波の出ている状態は、脳内にβエンドルフィンの出ている状態でもある。βエンドルフィンは、A10細胞、海馬を刺激し、記憶力を高めてくれる。だから、コーヒーの香りには、記憶力を高める作用があるともいえる。

また、コーヒーにはトリゴネンという物質が含まれ、これには脳の衰えをカバーする作用があるとみられている。

すでに、マウスを使った実験では、トリゴネンに大脳皮質と海馬内の神経細胞を活性化させる作用があることがわかっている。

放っておけば脳は老化する一方だが、トリゴネンがあると神経細胞が活性化し、新たな神経回路がつくられる。脳細胞は減っても、新たな神経回路はできるというわけだ。そこから脳の老化予防などに効果があると考えられているくらいだ。

それほど、脳への効果が期待されるコーヒー。頭が疲れたと感じたときは、合間にコーヒーをいれれば、その香りと味が疲れた脳をリフレッシュしてくれる。

## カルシウム不足が脳に与えるコワい影響

骨を強くするには、小魚や牛乳を摂るといいといわれる。小魚などに含まれるカルシウムが骨の生成には欠かせないからだ。

このカルシウム、じつは脳にも欠かせない物質である。カルシウムが不足すると、脳は不安定な状態になってしまうのだ。

カルシウムには、脳の神経細胞の興奮を抑える働きがある。カルシウムが不足すると、脳は興奮しやすくなり、すぐに気が散り、感情に走りやすくなる。むろん、脳がそんな状態では勉強に集中できるはずもない。

近年、〝キレる子ども〟のことがよく話題になるが、子どもたちがキレるのも、栄養の偏りによるカルシウム不足が原因という説もあるほどだ。逆に、カルシウムをちゃんと摂取していれば、脳内は落ち着いた状態に保たれ、たとえ困難なことにぶつかっても、動ずることなく対処できる。

また、長い目で見ると、カルシウム不足はさらに大きな問題を引き起こしかねない。カルシウムが足りないと、脳の神経細胞が死滅し、記憶力が悪くなってしまうのだ。

情報が神経細胞のネットワークによって伝わるためには、微量のカルシウムイオンが必要で、カルシウムが不足すると、脳は骨に蓄えられているカルシウムを使って不足分を補おうとする。

問題は、このとき必要以上にカルシウムが溶けだすこと。これによって、神経細胞がカルシウムイオンで詰まってしまうのだ。

こうなると、神経細胞は、カルシウムイオンのやりとりができなくなり、情報伝達がスムーズにいかなくなって、その結果、記憶力が落ちていくのだ。

それだけならまだいいほうで、神経細胞が完全に詰まってしまえば、神経細胞は死んでしまい、脳は老化の一途をたどることになる。

脳の老化を防ぐためにも、カルシウムをしっかり摂る必要があるのだ。

## 朝食抜きだと、なぜ頭はさえないのか

夜ふかしして寝坊した朝、朝食抜きで会社や学校に行くと、どうにも頭がさえないもの。それを夜ふかしのせいと思う人も多いだろうが、理由はそれだけではない。朝食を抜いたことの悪影響も考えたほうがいい。

脳を働かせるエネルギー源は、ぶどう糖である。ぶどう糖は甘い果物に多く含まれ、そのほかパンやご飯などの炭水化物も、摂取後、体内でぶどう糖に変わる。このぶどう糖が脳に運ばれて、脳を働かせるエネルギーとなる。

ここで問題なのは、脳にはぶどう糖を蓄積する機能がないことだ。脳には、つねにぶど

う糖を補給し、エネルギーに変えていくしかない。

朝起きたばかりの脳は、ぶどう糖がかなり不足した状態になっている。睡眠中は何も食べていないので、新たに補給されないためだ。一方、眠っているときも脳は活動していて、ぶどう糖を消費している。朝食でぶどう糖を補給しなければ、脳は〝ガス欠〟状態になってしまい、うまく活動しないというわけだ。

だから、頭を働かせるためには、きちんと朝食をとることだ。

「時間がない」「食欲がない」という理由で食べられない人は、オレンジジュース1杯だけでも飲んでおきたい。砂糖入りのコーヒーでもいい。砂糖は、体内ですばやくぶどう糖に変わってくれる。

理想をいうと、同時にたんぱく質も摂ることだ。たんぱく質には、脳の神経伝達物質が働くうえで必要な成分が含まれている。ぶどう糖とともに摂取すれば、脳はより活発に働くようになる。

たんぱく質を手っとり早く摂るには牛乳がいいが、ご飯やパンでもいい。とくに、ご飯に含まれているたんぱく質はよく吸収されるので、おにぎりを一つ食べるだけでも、頭の状態はずいぶん違ってくるはずだ。

## 本当に魚を食べて頭がよくなる？

「魚を食べると頭がよくなる」という歌が、ひところ話題になった。実際、魚には頭をよくする成分が含まれている。ＤＨＡ（ドコサヘキサエン酸）という脂肪酸だ。

ＤＨＡは、血液中のコレステロールを減らすことでも知られるが、一方で脳とも密接な関係がある。脳の脂質の１割はＤＨＡであり、ＤＨＡがあることで脳は正常に機能している。ＤＨＡを豊富に摂れば、脳の能力を高めることもできるのだ。

ＤＨＡは人間の体内ではつくることができないので、外部から補うしかない。それも肉や野菜ではダメで、ＤＨＡを含んでいるのは魚介類だけだ。とくに、マグロやサバ、イワシ、サンマ、カツオなどの赤身魚に豊富に含まれている。毎日これらの魚を食べていれば、脳力は自然にアップしていくというわけだ。

ただし、注意したいのはその調理法。食用油で揚げるのは避けることだ。食用油に含まれるリノール酸が、ＤＨＡの機能を抑え込んでしまうためだ。そう考えると、焼き魚や煮魚よりも、刺し身で食べるのが、脳にとってはいちばんいい食べ方といえる。

## たった1杯で、頭がさえる豆乳の不思議

近年、豆乳を使った料理が静かな人気を呼んでいる。「体にいい」といわれるからだが、じつは脳にもいい影響をもたらす。

豆乳に限らず、豆腐、納豆、味噌、きな粉なども、脳に好影響を与える。これらの共通点は大豆でできている点。大豆には、脳力をアップさせる成分が含まれているのである。

それは「レシチン」というリン脂質。脳細胞に含まれる脂肪のおよそ2割を占める物質だ。その効用は、アメリカの国立精神健康協会のクリスチャン・ジリン博士によって報告されている。博士の実験によると、レシチンをつづけて摂っていると、記憶力が25パーセントも向上するという。

レシチンが脳にとって大事なのは、レシチンがアセチルコリンという物質の原料になるから。アセチルコリンは、脳細胞同士の情報伝達に関わる物質で、不足すれば脳内の情報伝達がうまくいかなくなる。記憶力も鈍り、認知症の人の脳はアセチルコリンが不足していることもわかっている。

というわけで、脳内のアセチルコリン量を増やしたければ、原料であるレシチンを含む食べ物を口にすること。その代表格の大豆をたっぷり摂れば、脳の働きは高まり、記憶力がよくなるのだ。

## 疲れたときの「ひと風呂」が頭に効く秘密

汗だくで仕事をしたあとは、風呂に入りたくなるもの。いわば体を洗濯して、さっぱりしたくなるわけだが、これは脳にも似たような効果を与える。一生懸命、勉強をしたあとは、ひと風呂浴びると、いわば〝脳の洗濯〟になり、疲れた頭がすっきりしてくるのだ。

脳が疲れてくると、つまらないミスを犯したり、凡庸な選択しかできなくなる。そんなときは脳をいったん休め、リラックスしたほうがいい。

ただリラックスといっても、脳の興奮を落ち着かせるのは意外に難しい。そこで、風呂に入って、脳をリラックスさせようというわけだ。

湯船に浸かれば、自然に全身がほぐれ、体の緊張だけでなく、脳の緊張も和らぐ。風呂から上がったとき、脳はふたたび活性化しているはずだ。

ただし、長風呂は禁物だ。体内の血管が開きすぎると、脳に血が回りにくくなり、逆効果になってしまう。脳のリフレッシュのためには、さっとあがることだ。熱い湯も、脳貧血を起こすもとなので避けること。「気持ちいい」と感じるぐらいのお湯に、10分程度浸かるのがいちばん効果的だ。

## 勉強の合間のコーヒー・紅茶には砂糖を入れるのが○

コーヒーや紅茶を飲むとき、砂糖を入れない人は少なくない。「太るのがいや」「入れないほうがおいしい」など理由はさまざまだろうが、それが勉強の合間の一杯なら、砂糖を入れたほうがいい。

脳のエネルギー源はぶどう糖だ。人間の体は、ぶどう糖、たんぱく質、脂質の三大栄養素を必要とするが、このうち脳に必要なのは、ぶどう糖だけ。しかも、脳は大量のぶどう糖を必要とする。加えて、前述したように、脳はぶどう糖を貯蔵する機能をもっていない。脳には、ぶどう糖をつねに補給しなければならないのだ。

脳がいかにぶどう糖を必要とするかについて、ドライバーをめぐる報告がある。時速70

キロで運転するとき、ぶどう糖を摂ったドライバーは、摂らないドライバーよりも運転ミスが少ないというのだ。これが時速100キロの運転となると、両者の差は歴然とし、ぶどう糖を摂らないドライバーのミスは、摂ったドライバーのミスの6倍にものぼるという。ぶどう糖不足に陥ると、注意力が散漫になるためだ。

勉強をして、頭が疲れてきたときも同様に、脳内のぶどう糖が少なくなっている可能性がある。そこで、飲み物には糖分を入れて、ぶどう糖を補給したほうがいいというわけだ。

## 自分だけのリラックス法で、脳を最大限に活かす

試験日が近づいてくると、勉強していても、平静でいられなくなるものだ。「あれもこれも覚えなくては」と、つい気持ちが焦ってくる。

むろん、そんな状態では、いくら勉強しても意味がない。脳は〝カラ回り〟するばかりで、ほとんど身につかないだろう。

そういうときは、気持ちをリラックスさせ、焦る気持ちを静めたいが、どうすればリラックスできるかは人それぞれ。コーヒーを豆から挽いて煎れることでリラックスする人も

いれば、手足をブラブラ体操することでリラックスできる人もいる。とりあえず、マンガを読めば、リラックスした気分で机に向かえるという人もいるだろう。

ふだん、自分がどんなときにリラックスしているか思い出してみれば、自分なりのリラックス法も見つけられるはず。そうして、神経が高ぶっているときに、試しておくといい。

なお、試験前に緊張するのは、悪いことばかりではない。精神の張りが脳内を活性化させ、勉強への集中力を高めることもあるのだ。

いちばんいいのは、精神が緊張している状態を保ちながら、一方でリラックスすることである。そんな状態のとき、脳は最大限に働いてくれる。

# 5
# 今日から差がつく「集中力」の身につけ方

## 勉強の「制限時間」は、どう設定するのが正しい？

勉強がはかどらないときは、制限時間を設けてみるといい。仕事にしても、「明日まで」とか「今月一杯」という締め切りがあるから、何とか間に合わせようと頑張るもの。勉強も同様で、制限時間を設ければ、それまでに征服しようという意欲が高まり、やる気が出てくるものだ。

制限時間を設けるときは、長めではなく、むしろやや短めに設定したい。余裕をもって勉強をしようと緩めに設定すると、心のどこかに余裕が生まれ、緊張感が乏しくなる。真剣味が低くなり、思ったほどに成果があがらないのだ。

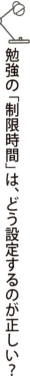

一方、制限時間を短めに設定すれば、真剣に取り組まざるを得ない。のんびりしていたら間に合わなくなるから、いやでも集中力が増し、勉強がはかどるのだ。

たとえば、1時間でこなせる内容なら、50分に設定してみる。最初は無理と思っても、いざやってみたらできることも少なくない。50分で当たり前にできるようになったら、今度は40分に設定してみる。時間を短くするほど集中度は高まり、眠っていた能力を掘り起こせるだろう。

ただし、一気に半分にするような、短すぎる設定は逆効果になる。最初から「無理だろう」という予測が働くと、間に合わせようという意欲が消えてしまうからだ。

## 前日の勉強はわざと残しておく

勉強をするとき、うまくとっかかりをつかめれば、すぐにも集中状態に入れるが、つかみそこねるとそうはいかない。1時間机に向かったのに、まったく集中できずに終わることもある。

最初から集中し、頭をフル回転させるには、〝下準備〟が必要だ。まず、前日勉強するとき、一つの単元をわざと全部こなさずに、少しだけ残しておくのだ。翌日、その残った部分からスタートするためだ。そうすれば、まったく新しいことではなく、前日の延長部分から手をつけられるので、集中状態に入りやすくなるのだ。

残しておいた部分に向かうと、昨日の緊張がすぐに蘇ってくることもある。これが素早く集中力を生み出す効果をもたらすのだ。

たとえば、英訳の勉強なら、最後の10行を残しておく。最後の結論までは訳さないといった状態で作業を終えるのだ。翌日、「早く結論まで訳したい」という気持ちになれば、すぐに作業に集中できる。

このテクニックには、応用もある。作業を少し残すのではなく、翌日分の作業を少しやっておくのだ。そのほうが、勉強量が多くなるというメリットもある。

## なぜかはかどる人の魔法のトレーニング

勉強では集中できないという人も、仕事をするときは集中力を高めていることだろう。だから、一度、自分の勉強部屋と仕事をする環境を比べてみるといい。仕事に集中しているとき、どんな姿勢でいるか、どんな物を近くに置いているか……。それはそのまま、勉強に集中するための姿勢や環境になる。

人は仕事であれ勉強であれ、集中するときには自分なりの型をもっているものだ。その型に気づき、意識的に利用すれば、勉強にも集中できるようになる。

一方、自分なりの集中のスタイルが決まっていないという人は、意識的に集中できるスタイルを決めるといい。深呼吸をすると集中できそうな人は、勉強のまえに深呼吸をして、集中へのスタイルをつくっていく。

机に向かうまえに、毎回そうしていると、やがて深呼吸をすると、本当に集中できるようになっていく。もうひと踏ん張りしたいときも、深呼吸をすることで集中力を取り戻せるようになるだろう。

また、集中できる場所を決めておくのもいい。暗い部屋が集中しやすいタイプは、勉強するときは照明を落とす。部屋の隅のほうが集中しやすい人は、そこに勉強スペースをつくるといい。それだけでも、集中力をかなり高められるはずだ。

## 集中力が途切れたら、いったん場所を変える

どんなに集中力のある人でも、長時間勉強していると、しだいに気分が散漫になってくる。集中力がとぎれ、勉強がはかどらなくなってきら、いったん場所を変えてみるといい。

それまで、書斎で勉強していた人は、まずは部屋を変える。台所のテーブルでもいいし、居間のコタツでもいい。廊下に椅子を置いて座ったり、ソファやベッドで横になるのもO

Kだ。そこで、ふたたび勉強を始めるのだ。

場所を変えれば、見える風景も違うし、雰囲気も違う。光の入り方も違えば、温度も違ってくる。それまでと違う刺激を受けることになり、そこから心身に緊張が生まれる。その緊張感が新たな集中力をもたらしてくれるのだ。

移った場所でも集中力が低下してきたら、またどこかへ移る。あちこち移って家の中に場所がなくなれば、外に出る。公園のベンチでもいいし、近くの喫茶店でもいい。そこでまた新しい刺激を受けて、勉強に取り組むのだ。

## 集中できる色、気持ちが散漫になる色

ふだん勉強する場所は、できるだけ集中しやすい環境にしたいもの。それには、勉強部屋の壁紙を寒色系にするといい。

色は、人間の心理に大きな影響を与える。壁紙の色を変えただけで、勉強部屋の印象はずいぶん変わり、集中力も違ってくるのだ。

たとえば、壁紙を赤や黄色、オレンジといった暖色系にすると、感情が動きやすくなる。

勉強中に感情が動けば、当然、集中力は落ちてしまう。

一方、青や緑色など寒色系にすると、感情がブレにくくなる。たとえ興奮するようなことがあっても、寒色系の部屋の中にしばらくいれば、落ちつきを取り戻せる。そのぶん、勉強に対して集中力を発揮しやすい。

白色系は、できれば避けたい色。白は、人を過度に緊張させ、心落ちつかせて集中力を高めるには邪魔になる色なのだ。アメリカの病院で、壁紙の色を白から青緑色に変えたら、手術がよりうまくいくようになったという報告もある。

勉強部屋に限らず、台所や居間でもよく勉強するという人は、その壁紙もやはり寒色系にするといい。

## 机の照明は、周辺より明るいほうがいいワケ

夜、勉強するときの照明には、天井の蛍光灯の光を利用している人が多いだろう。しかし、これは集中力を高めるうえでは、賢明な方法ではない。

天井の蛍光灯を使うと、室内がまんべんなく明るくなる。そのくせ、勉強机だけは自分

の頭や手で影になりやすい。これは、集中を妨げる照明環境なのだ。

机よりも周囲のほうが明るいと、どうしても周囲のものが目に入り、気分が散漫になりやすい。高いレベルの集中を保てなくなるのだ。

机の上に影がない場合でも、事情は同様だ。机と周囲の明るさが同じだと、やはり周りに視線がいきやすく、そのぶん集中がそがれてしまう。

より集中して勉強に取り組みたいなら、天井の蛍光灯を消してしまうことだ。そして、照明は机の上を照らすライトだけにする。これなら、周囲のものに目が奪われることなく、勉強に集中できる。

これは、昼間の勉強にも応用できる。昼間、勉強に集中できないときは、カーテンを閉めて室内を暗くしてしまうのだ。暗くなった部屋で机の上だけライトで照らせば、集中しすい環境になる。

## 自分の集中時間の限度を見極める

勉強しようとするとき、把握しておきたいのが、自分の集中力の持続時間だ。どれぐらい集中力が続くかを知っておくと、それに合わせた勉強計画を立て、効率よく時間を利用できる。

集中できる時間は、人それぞれ。2時間集中できる人もいれば、30分がせいぜいという人もいる。これは作業内容によっても変わってくるが、おおよその自分の集中時間をつかんでおきたい。ふだん仕事や勉強をするとき、始めてから「ちょっと疲れたな」「休みたいな」と思うまでの時間を何回か計ってみるといい。自分の集中できる時間をだいたいつかめる。

そのとき、集中できる時間が、予想よりも短かったという人が多いだろう。そのさい、「集中時間をもっと長くしなければ」とは考えないことだ。集中時間の長いほうが、より勉強できるような気がするが、だからといって30分しか集中できない人が無理に1時間集中しようとしても、結局は時間のムダになるだけだ。

それよりも効果的なのは、集中できる時間に合わせたスケジュールを組むこと。30分しか集中できない人は、前述のようにこまぎれ時間を活用すればいい。

夕飯前の30分、入浴前の30分、朝起きて出社するまでの30分など、手頃な時間帯がけっこう見つかるはずだ。

長い勉強時間をとれるときは、途中で休憩時間をはさむ。30分が限度の人なら、30分ごとに休憩を入れる。1時間が限度の人は、1時間ごとに休憩を入れる。目を閉じていたり、お茶を飲んだりなどして、頭をリフレッシュさせたほうが、時間を有効活用できる。

2時間以上集中できる人は、夕食後、床につくまでの時間や朝早く起きて出社までの時間をあてるといい。こういうタイプに、小刻みな休憩は必要はなく、むしろ休憩の取り過ぎに注意したい。

## 気分転換がうまい人のこんなやり方

机に向かっても集中できないときは、机の上の大掃除をするといい。机の上を片づけて、いまの勉強に必要なものだけにしてしまうのだ。

机に向かっても集中できない人の場合、えてして机の上にいろいろな物が置いてあるものだ。カレンダーや時計、お気に入りの文具や小物はもちろん、趣味の雑誌や旅行のパンフレット、アイドルやペットの写真集といった類まで置かれていたりする。

それらのものが机の上にあると、勉強中もついつい目がいってしまう。目に入れば、その物に関連することを考えるから、うまく集中できないし、集中してもとぎれやすくなる。

そこで、机の上にあるよけいな物を片づけてしまう。そうすれば、視野に不必要な物が入ってこないぶん、勉強に集中しやすくなるというわけだ。

さらに、片づけは一種の気分転換にもなるし、体のウォームアップにもなる。体を動かすことで体が適度に温まり、集中しやすい状態になるのだ。

## メジャー流!? 集中力を取り戻すガムの噛み方

気分が散漫になってきたときは、食べ物に頼る手もある。ガムを噛んでみるのだ。ガムを噛んでいると、自然に集中力が戻ってくるはずだ。

これは、ガムを噛むときに使う筋肉が、脳につながっているから。噛むときに使う口内の「咬筋」は、三叉神経という脳神経の一部につながっている。ガムを噛むと、その刺激が脳細胞に伝わり、脳を活性化して集中力がよみがえるのだ。

また、ガムを噛むと、頭の血のめぐりもよくなる。顎の筋肉と脳の間には血流ルートがあり、顎を動かせば脳に血がよく行くようになるのだ。すると、脳の栄養源であるぶどう糖が多く送られ、脳を元気づけてくれる。

ガムがいかに集中力を取り戻すかは、長距離トラックの運転手が愛用していることからもよくわかる。長時間の運転で集中力が切れそうなとき、ドライバーたちはガムを噛む。これにより、運転ミスを防いでいるのだ。

また、ガムには人をリラックスさせる効果もある。メジャー・リーグの選手がガムを噛むのもリラックス効果を求めてのこと。最近の宇宙食が流動食から固形物に変わってきたのも、流動食では噛む必要がないので、イライラしやすくなるためだ。

もちろん、ガムでなくともかまわない。センベイやタクアンをかじってもいい。口を動かせば、集中状態を取り戻せるのだ。

## やる気にさせる「笑い」の効用

勉強する気になれないときは、無理に机に向かうよりも、お笑いマンガでも読んだほうがいい。

マンガを読んでハハハと笑ってから勉強部屋に入ったほうが、ずっと集中しやすくなるはずだ。マンガは笑えるものなら、なんでもいい。4コママンガでもいいし、2、3ページのほのぼのマンガでもいい。

人間は笑ったとき、頸動脈が膨らみ、顔の筋肉がやわらぐ。そのぶん、脳への血流量が多くなり、頭が活発に動きはじめる。集中力がアップすることで、勉強へのやる気も高まってくる。

また、生理学的に見ると、笑ったとき、血液はアルカリ性に傾く。血液が酸性に傾くと、神経質になってイライラしやすく、集中状態にも入りにくくなる。一方、アルカリ性に傾くと、朗らかな状態となり、集中しやすくなるのだ。

もちろん、笑えるものなら、マンガでなくてもいい。楽しい雑談を思い出して、クスッと笑うのだっていいし、最近見た映画やテレビでおかしかったシーンを思い出してもいい。さっと読めるショートストーリーで笑うのもいい。

笑うネタが思いつかないときは、無理やりハハハと笑ってもいい。笑顔をつくり、笑い声をあげるだけでも、笑ったときと似たような効果が得られる。

ただし、ストーリーマンガは避けたほうがいい。下手をすると中身にひきずられ、勉強を始められなくなる。さっと十分間くらいで読めるものにすることだ。

## 成功シーンを思い描けば、集中できる

勉強を続けていると、難関にぶつかることがある。がんばってもクリアできなければ、投げ出したい気持ちにもなる。そんな気持ちが強くなると、勉強全体への意欲が薄れ、ますますやる気がなくなるという悪循環にも陥りかねない。

そんなときは、自分の成功シーンを思い描くといい。英語を勉強している人なら、ニューヨークのホテルで、英語でスムーズにチェックインし、商談相手と電話で話すといったイメージだ。

あるいは、社内の海外部門に抜擢を受ける、英語検定1級に合格して皆からうらやましがられるなど、自分なりに好ましいイメージを浮かべる。

浮かべる時間は、1、2分で十分だ。

成功イメージを思い浮かべると、プラス思考ができる。それまで頭の中を支配していた嫌気や徒労感、イライラといったマイナスの感情を一掃することができるのだ。

プラス思考になれば、やる気がわいて、勉強もはかどる。いま浮かべた成功シーンが夢

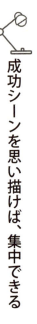

ではないと思えてくれば、さらにやる気が高まる。

やる気が出ないときだけでなく、毎日数分、成功シーンを思い浮かべるのもいい。毎日思い描いていると、つねにプラス思考になり、脳を活性化できるだけでなく、やがてどうすれば成功できるかも見えてくるはずだ。

## 「異性が勉強の妨げになる」の大間違い

やる気を高める方法に、自分へのごほうびを用意する手がある。なかでも、大きな効果を期待できるのが「異性」の存在である。

つきあっている彼女や彼がいる場合、彼女や彼との〝何か〟を成功報酬にする。「この１冊片づけたら、１泊の旅行に行こう」とか、「あと５００語マスターしたら、一緒にスキーに行こう」など、楽しい成功報酬はいくらでも考えられる。

もちろん、妻や夫を対象にしてもいい。「基礎段階をクリアしたら、夫と2人でイタリア料理店に行こう」とか「いまの課題が終わったら、妻にプレゼントを買おう」とか、恋人時代を思い出して、あれこれ考えてみるのもいい。

妻や夫だとモチベーションが高まらない人は、対象をほかに探すのも手だ。社内のちょっと感じのいい子をランチに誘ってみる。この程度なら、浮気にはならないはずだ。

つきあっている異性がいない人も、あきらめることはない。難解な1冊をクリアしたなら、意中の女性にちょっとだけ声をかけてみようと思うだけでもいい。

いくつになっても、異性を求める気持ちは存在するもの。異性をうまく成功報酬化すれば、勉強への集中力を高められるはずだ。

## いい勉強仲間がやる気を生み出す

勉強が長続きしない理由の一つに、仲間がいないことがある。愚痴を言い合う仲間がいないと、ストレスがたまりやすくなる。ストレスがたまれば、集中力は落ちていき、勉強に嫌気がさしてくる。

そこで、つくっておくといいのが「人の輪」だ。勉強会や異業種交流会に顔を出して、勉強仲間をつくるのだ。

同じジャンルの勉強仲間がいるとわかれば、それ自体が励みになる。わからないところを聞くこともできる。

勉強に関する悩みを相談し、愚痴をこぼすこともできる。「なんだ、考えていることはみな同じじか」とわかってホッとし、そこから新たな意欲が湧いてくるかもしれない。

こうして、勉強会や交流会で打ち解けることができたら、自分の勉強へのプラスになる。集中力も高まってくるはずだ。

このとき、注意したいのは、ギブ・アンド・テイクの姿勢を忘れないこと。いつもテイクばかりでは、会の中で白い目で見られかねない。テイクをしたらギブをすることが、仲間の輪を広げることにもつながる。

もし、好みの勉強会や交流会がないのなら、自分で立ち上げるのも手だ。インターネットを使って、同じ勉強仲間が集まっているサイトを探してみてもいい。

# 6

# 面白いほど頭に入る「本」の意外な読み方

## 自分に合った本を一瞬で見抜くワザ

本選びの段階で、自分に合った本を探すことができれば、その後の勉強はかなりラクになる。そこで、重要になるのは、どうやって本を探すかだ。

書店で自分の勉強したいジャンルの本を選ぶとき、1冊1冊ていねいに見ていたのでは、時間ばかりかかってしまう。そんなときは、さっと目次に目を通せばいい。

それで、本の中身がわからなければ、その本はサッサと棚に戻す。買って無理して読んだところで、いまの能力、知識で理解できる可能性は低い。それよりも、目次を見てわかりやすそうなものを買ったほうがいい。

目次だけで決められないときは、パラパラと本をめくってみる。自分の知っている箇所があるかどうか、チェックしてみるのだ。あれば、そこを少し丹念に読んでみて、わかりやすければ、その本を買うといい。わかりにくいものは避けることだ。

自分の知っている箇所がわかりやすく書かれているということは、その本が自分のレベルに合っている証拠。いまは知らないことも、わかりやすく書かれている可能性が高く、全体を興味深く読めるはずだ。

一方、知っているはずのことなのに、わかりづらく書かれている本は、自分には合わない本と見ていい。そんな本を真剣に読んでも、時間がかかるうえ、頭に入りにくい。勉強の効率を落とすことになりやすい。

## 異なったジャンルの本を同時に読むメリット

本を読むときは、まず1冊を読み終え、それから次の1冊に進むという人が多いだろう。だが、ときには複数の本を同時並行的に読んでみるのもいい。

同時にいろいろな知識を吸収できるだけでなく、自分なりに新たな発見もできる。そうした発見が視野を広げ、勉強に深みを加えてくれるのだ。

複数の本を同時並行的に読むと、自分の頭の中でいろいろな情報が交錯する。触れることがほとんどなかった情報同士が頭の中でぶつかったとき、そこに新しい何かが芽生える可能性があるのだ。

いままで、あるものをAという見方でしか見てこなかった人が、BやCという見方もできることに気づいたりする。そこから、新しい何かをつかみとることもできる。

たとえば、経済書を読むと同時に、歴史書を同時に読んでみる。すると、経済を歴史の目で見たり、歴史を経済的な視点で見ると、新しい何かが見えてくるかもしれない。

そもそも、学問というのは、単独分野で成り立っているわけではなく、つねに異分野の影響を受けている。異分野的な視点からながめれば、いま勉強している分野を別の角度からもとらえられるのだ。

## 「精読」だけが読書ではない

勉強を進めていくには、ある程度の冊数の本を読まなければならない。あり余るヒマがあればともかく、忙しいなかから時間を割いて読むのだから、本を読む速さも必要になってくる。

速読のコツの一つは、本によって読み方を変えることだ。すべての本を隅々まで精読する必要はない。必要かつ頭に入れやすいひと握りの本は精読するとして、他の本は別の読み方をして時間を節約したほうがいい。

たとえば、パラッと読んで大まかな意味だけつかむ「斜め読み」、飛び石的に重要そうなところだけ集中して読む「飛ばし読み」、あるいは読みたいところだけ読んで、あとは読まない「つまみ食い」的な読み方もある。

こうした読み方をすれば、必要なところだけ吸収し、あとは適当に流せる。むろん、1冊を読み終えるスピードは速くなる。

一冊一冊の本をどう読むかは、まずは目次とまえがき、あとがきを読んで決めるといい。

本のあらましは、目次を見るだけで、だいたいわかるようになっている。加えて、まえがきには、著者の考え方や執筆の目的などが書かれてあるし、あとがきにも重要な情報が出ていることが多い。

目次、まえがき、あとがきを読んで全体を把握したら、その本を精読するか、斜め読みや飛ばし読みするか、見当がついてくるはずだ。

飛ばし読みするとき、頭に入れておきたいのは、前にも述べた「価値の80パーセントは、全体の20パーセントから生まれる」という法則である。これを本に当てはめれば、その本の価値の8割は、総ページの2割の中にあるということだ。

つまり、最重要の2割を読むだけで、その本をほとんど理解したも同然になる。より多くの本を読むには、中身の大半を切り捨てられる「判断力」と「決断力」が必要なのだ。

## 自分だけのとっておきの「参考書」をつくるコツ

本に直接書き込みをしたり、アンダーラインを引くのは苦手という人は少なくない。そんな人は、読んでいて重要な箇所に出合うと、ノートに書き写したり、せいぜい付箋を貼るにとどめてしまう。

趣味の本ならともかく、勉強用の本でこんな使い方をしていては、勉強の効率は上がらない。知識を血肉化するために読むのだから、どんどん書き込んで〝汚して〟しまえばいいのだ。

たとえば、本の余白には、気がついたことや、自分の意見をどんどん書き込んでいく。これをいちいちノートに書きとめていると、後でノートと本の両方を見比べて照合する必要が生じ、時間を浪費することになる。その点、本に書き込めば、照合の手間は必要なく、自分のメモと本の内容の関係がひと目でわかる。

本に直接書き込んでおけば、読み返すときも、前に読んだときに何を考え、何がわからなかったかが鮮明に浮かんでくるから、より内容への理解は深まる。いわば、メモを書き込んだ本は、世界で唯一、自分にとって最良の〝参考書〟になるのだ。

また、ノートをとると、写す作業が中心になりがちで、頭を使っているようで使っていないことが少なくない。

きれいなノートをつくろうとすれば、それだけ手間もかかる。その意味でも、時間を有効利用するには、本をノート代わりにしたほうがいいのだ。

## 頭に残る読書の鍵は「アンダーライン」の引き方にあり！

本には、どんどんアンダーラインを引くことだ。ポイントとなる箇所にアンダーラインを引くことで、あとで見返したとき、すぐに重要事項を思い出せるし、ラインを引くこと自体が頭の整理にもなる。

アンダーラインを引くうちに、どこが重要で、どこがそうでもない箇所かがわかってくるし、アンダーラインを引いた箇所同士のつながりも見えてくる。さらに、手を動かすと、手からの刺激も脳に入ってくる。ただ黙読するだけよりも、脳はよほど活発に動き、本への理解度は深まるのだ。

ただ一つ注意したいのは、アンダーラインを最初から引こうとしないことだ。最初は何も引かずに読み、二度目に読んだときに引くようにしたほうがいい。

最初に読んだ段階では、著者の主張や重要部分は、まだわからないことがほとんどである。

そんな状態でアンダーラインを引くと、何が重要で何が重要でないかわからないまま、手当たりしだいにラインを引くことになりやすい。

それでは頭の整理にはならないし、ただアンダーラインがたくさん引いてあるだけで、ポイントを押さえた引き方はできない。あとで読み直しても、情報整理に役立たないのだ。

そこで、内容をある程度理解した再読時に、引くことだ。できれば、内容によって色分けしたい。

何年も前に読んだ本ともなれば、ただ線が引いてあるだけだと、なぜ引いたのか忘れていることも多い。色分けしてあれば、思い出すうえで大きなヒントになる。そこから「自分はこんな単純なことがわからなかったのか」と、自分のレベルアップに気づくきっかけにもなる。

また、アンダーラインの横に、なぜそこにアンダーラインを引いたかを具体的に書き込んでおくのもいい。あとで見返したとき、かつて自分がどう考えていたかを、より正確に思い出せる。

そこから、考えを新たにしたり、深めることができるのだ。

## 書店に行くとこんなに「得」する

書店は、本が欲しくなったとき行くところと思っている人もいるだろうが、ときどきは用がなくてものぞいてみたほうがいい。書店の中をブラブラするだけで、頭の刺激になるからだ。

たいていの人は、書店に行けば必ずこのコーナーに立ち寄るといった、お目当ての場所があるだろう。そこを訪れてみるだけでも、ハッとすることがあるものだ。

興味ある分野だけに、タイトルや著者名を見るだけでも、「こんな本も出ていたのか」「変わったタイトルの本が出ているな」などと、いろいろな発見があるはずだ。

新刊コーナーに行けば、話題のベストセラー以外にも、いろいろな本が出ていることがわかる。新聞の書籍広告だけでは知ることもなかったいろいろな新刊を目にし、手にとれる。「自分は興味がないけれど、世の多くの人は、こんな本を読んでいるのか」などと驚く本があれば、これまた頭の刺激になる。

さらに、ふだん行かないコーナーを訪れてみれば、新しい刺激に触れることになる。自分の興味の範囲を増やすチャンスにもなれば、思考回路を広げる機会にもなる。そこから新しい発想が出てくる可能性もある。

何も買わずに書店にいる時間というのは、一見ムダに見えるが、そのムダがあとあと役立つことが多いのだ。ムダと思いながらも頭に残った情報が、いつかべつの情報と出合って、新鮮な発見を生んでくれることもある。書店で時間を過ごすのは、ムダではなく、将来への投資といえる。

## 本の重要ポイントを素早くつかむ「飛ばし読み」の極意

先ほど触れたように、本をたくさん読みたければ、飛ばし読みの技術を身につけることだ。目次で重要なところにあたりをつけ、その部分をピンポイントで精読する。あとのとところは、サッと飛ばしてかまわない。

飛ばし読みの方法の一つに、初めの10ページをきちんと読むという方法がある。最初の10ページを精読したら、あとは適当に斜め読みしていくのだ。

これは、最初の10ページに、著者の主張が集約されていることが多いからだ。結論を最後にもっていくと、読者はイライラして、本を投げ出しかねないし、その本を買わないかもしれない。そこで、著者は最初に重要なことを書き、読者を引っ張ろうとするのだ。最初の10ページには、その本のおいしい部分が詰まっているのである。

もちろん、例外もあって、重要な部分が何カ所にもちらばっている本もあれば、最後になっておもしろい結論を展開する本もある。最後まで、おもしろくないところばかりという本だってある。それでも、確率的に最初の10ページに重要部分が詰まっているケースが多いことは確かだ。

## 調べたい分野の全体像を一発でつかむ方法

新しいテーマについて勉強を始めるとき、最初から難しい専門書を買いあさっても、時間と労力をムダにするだけ。それよりもまず、その分野の全体像をザッと把握することから始めたほうがいい。

全体像をザッとつかむには、書店に立ち寄り、そのテーマに関連する本が並ぶコーナーをながめるといい。

そのコーナーのいろいろな本を手にとることができるので、ハイレベルな本と基礎的な本の違いもわかるし、どこが問題点かもわかってくる。また、どんな著者がその分野でメジャーなのか、意外に扱われていない分野はどこなのか、といった点まで見えてくる。

コーナーの周辺まで見ていけば、別の立場から、そのテーマに近い本にも出会えるかもしれない。

そのテーマを扱うコーナーは、1カ所とはかぎらない。違うコーナーで、同じテーマを別角度から扱ったものに出会えることもあるのだ。

こうして、いろいろな情報をザッと取り込めば、その分野のことが大ざっぱながらわかってくる。あとは、どう勉強していくかを自分で考えればいい。

書店で本をながめるのには、もう一つ利点がある。意外なくらい集中できるということだ。

「立ちながら読む」というのは、体にけっこうな負担がかかる。長く読んでいれば、足はもちろん、肩や腕も疲れてくる。そんなわけで、「早く中身を頭に入れてしまおう」という意識が強くなり、それが集中力につながるのだ。

## 〝積ん読〟は、上手な読書法

本を買っても、読まないまま部屋の隅に積んでおくだけという人がいる。そんな〝積ん読〟された本を見て、ため息をつく人は多いだろう。買ったのに読もうとしない意志の弱さ、読みもしない本をつい買ってしまう浪費癖への自己嫌悪からくるものだが、気にすることはない。

〝積ん読〟も、れっきとした〝読書〟のうちなのだ。ある程度、自宅にスペースがあるのなら、〝積ん読〟はむしろ上手な読書法とすらいえる。

〝積ん読〟になるのは、そもそも書店やインターネットなどでその本を見かけて、「おもしろそうだな」と思うから。少しでも「読もう」という気持ちがあったわけで、お金やスペースに余裕があるなら、そういう本はさっさと買っておき、手元に置いておいたほうがいい。

その背景には、近年の出版事情がある。出版サイクルがますます早まり、新刊書もそれほど経たずに、書店から姿を消すことが増えている。

そんな出版事情からすれば、いま「欲しい」と思った本に、あとで出会える保証はどこにもない。その点を考慮すれば、興味をもったときに買っておくに越したことはない。一度は興味を抱いた本のことだ。自宅に置いておけば、いつか役立つ機会がくるだろう。

たいていの本は、1000円前後で買える。高くても5000円もする本は稀だ。勉強のためと思えば、たとえ〝積ん読〟になったところで、さほど高い〝投資〟ではない。

そもそも、「本を買うだけで、半分は読んだも同然」という考え方もある。その本に強い興味を感じたから買うわけで、以後もその本の周辺のジャンルにアンテナを張りめぐらせることになるからだ。

その本自体は読まなくとも、新聞や雑誌などで、そのジャンルに関する記事に注目するようになる。

それはそれで、買った意味があったことになる。実際に身銭を切って買うと、自然とその分野への関心が高まっていくものだ。

## 頭に残るかどうかは「読み終え方」しだい

１冊の本を「読み終えればそれでおしまい」というのも一つの読書法だが、より高い成果をあげるには、本を読んだあとのケアをしておきたい。本を読み終えた直後、表紙の裏あたりに、その本の重要ポイントを書きとめておくのだ。

さらに、自分の感想やその本の位置づけ、その本ならではの発見など気のついたことを書いておくと、なおいい。重要な箇所のページを、メモしておくだけでもいい。あとで見返したとき、そのメモ書きを見直すと、どんな本だったかすぐに思い出せるのだ。

また、読んだ本１冊１冊にメモが残してあれば、索引代わりにもなる。表紙の裏を見返すだけで、その本はどんな本だったかわかるし、必要な本を探すときも見つけることも簡単になり、勉強時間の節約につながる。

加えて、読み終えた本をすぐ本棚行きにすると、読後に考えることができない。メモをするようにすれば、読後いろいろ考えるようになるから、そこから思考は深まっていく。自分の思考を深めるためにも、ポイントをメモする習慣をつけたほうがいいのだ。

メモの場所はどこでもいいが、表紙の裏がベストだろう。たいてい無地だし、「表紙の裏」と統一しておけば、あとで「この本はどこに書いたんだっけ」と、本をペラペラめくる手間もかからなくなる。

## 辞書をカシコく使いこなす「第一歩」

語学の辞書は、その多くが箱入りで売られている。箱入りの本が少なくなったこともあり、箱入りの辞書は立派に見えるものだ。そのせいもあって、辞書を使ったあと、箱の中に戻す人もいるが、これはあまりに非効率だ。

辞書のケースは、捨てるなり、書類入れにでも利用したほうがいい。辞書をひくとき、いちいち箱から出していたのでは、時間と労力のムダになり、使い終えて箱にしまうとなると、時間と労力を二重にロスすることになる。しかも、辞書の紙は薄いから、箱の出し入れ時に折れたり破れたりしないか、無用の神経を使うことにもなる。

そんな労力のムダづかいをしていると、しだいに辞書をひくのが面倒臭くもなってくる。それでは、勉強が広がりもしなければ、深まりもしない。辞書の箱は、勉強の妨げになってしまうのだ。

辞書は、本棚にきれいに飾るものではない。汚くなるほど使ってこそ、価値あるものになるのだ。

そう考えれば、辞書の箱は潔く捨てたほうがいい。なまじ箱があるから、辞書を大切に扱おうなどと考えてしまうのだ。

箱さえなくなれば、無意識に辞書の扱いは変わってくる。汚れてもいいものと無意識に感じるようになれば、辞書を手にとる機会はどんどん増えていくはずだ。

## 書き手の姿勢を見極めるための心得

本の中身を知りたいとき、目次、まえがき、あとがきあたりまでは、多くの人が目を通すだろうが、もう一つ、チェックしておきたいところがある。著者の略歴だ。

著者略歴には、著者の生年や出身地に始まって、出身大学やその後の経歴などが書かれている。

すでに何冊も書いている著者なら、おもな著書も掲載されている。また、著者の得意分野や、得意分野における業績なども記載されている。その情報は、買う買わないの大きな指針になるのだ。

著者の略歴を見て、自分の知りたい分野に数々の業績があれば、まずは信頼のおける著者と考えられる。逆に、実績がなければ、何か補うものがなければ、有用度・信頼度は低くなる。

とくに、テーマ自体にはひかれるが、それが著者の専門領域からやや外れた分野であった場合は要注意だ。異なる分野から、おもしろい見方が提示されるかもしれないが、深いレベルの情報は期待できない場合もある。

著者略歴は、本を読むときにも役立つ。著者の基本的な姿勢がわかるから、その本における著者の意図を想像しやすい。それだけ、内容への理解度が高まり、読むスピードを速められるのだ。

## 勉強用の「書棚」の正しい選び方

書斎にガラス戸付きの書棚を置いているという人がいる。豪華な感じがして、見栄えはいいだろうが、勉強効率を考えれば、ガラス戸付きはロスが多いともいえる。

ガラス戸があれば、本を出し入れするのに、いちいち戸の開け閉めをしなければならない。

書棚の右にある本と左にある本の両方取ろうと思ったら、ガラス戸を右に左に動かさなければならない。

いつもそんなことをしていたら、やがて本を取り出すことが面倒になる。ガラス戸があるばかりに、本が書棚の飾り物になってしまうのだ。

本を戻すにしても面倒だから、そのあたりに放っておくことにもなりがちだ。部屋が汚くなるし、書棚も荒れやすい。

勉強用の書棚は、ガラス戸のないふつうの書棚で十分だ。そのほうが安くて、経済的でもある。浮いたお金を本代に使ったほうが、はるかに有益だ。

また、開け閉めのスペースを取らない分、同じ大きさの本棚でも、本を置くスペースが広がる。本が増えてきたとき、並べてある本の手前に平積みにすることもできる。

もし、家にガラス戸の書棚があるなら、そこにはふだんまず使わない本を並べておくことだ。

## 徹底的に「書店」を使いこなす達人ワザ

本を買うとき、かつては街中の書店まで出向くのが常識だった。ところが、近年はアマゾンをはじめとするインターネット書店の発達で、自宅や職場から手軽に本を買えるようになった。

街中の書店とネット書店には、一長一短がある。それを知ったうえで両者とつきあえば、より効率的に本と出会える。それぞれの長所短所を紹介しておこう。

まず、ネット書店の場合、パソコンの前に座るだけでいいのだから、書店に足を運ぶ手間を省ける。重い本を抱えて電車に乗ったり歩かなくてすむのも、ありがたいところだ。新刊の場合、送料が無料であれば、電車賃を使って街中へ買いに行くより、経済的に助かるというメリットもある。

しかも、検索機能を使えば、関心分野の本がいくらでも出てくる。大型書店内で隅から隅まで探しても見つからない本が、一発で出てくることもある。ある本を選ぶと、同じジャンルの本をいろいろ紹介してくれるから、関連本を探すのも便利だ。

サイトによっては、それまでの購入履歴から「おすすめの本」を提示してくれる。これまた、興味の幅を広げるにはありがたい。

それぞれに本について書かれているレビューも、本を買うときの参考になるし、今後の勉強の一助にもなる。

一方、街中の書店には、思いもかけない情報を得られるメリットがある。いろいろな本が一度に目に入ってくるからだ。

先に触れたように、店内をブラブラ歩けば、ふだん興味のない分野にも、おもしろいテーマがあることにも気づく。これは、ネット書店では体験できない興味の広がり方だ。

## 本を検索するときのキーワードのウマい選び方

ネット書店の利点は、興味のある分野の本をすぐに検索できること。キーワードを入れるだけで、そのテーマに関する本が多数出てくる。あとは、情報をチェックして、必要と思われる本を購入すればいい。

キーワードは、著者から攻めることもできるし、関心のあるテーマからも入ることができるが、キーワードの選び方を多少は工夫しないと、欲しいと思う本になかなか出合えない。たとえば、「日本経済」を勉強したいからと、キーワードを「日本経済」にしたのでは、膨大な数の本が出てきて、当惑するだけだ。

そんな場合、日本経済の中でも何が勉強したいかを絞り、的確なキーワードを入れることだ。為替が勉強したいなら「日本経済　為替」と、キーワードを二つ入れてみる。それでもうまくいかなければ、「為替」という言葉を別の言葉、たとえば「円」や「ドル」「通貨」などに置き換える。「日本経済　円」とか「日本経済　ドル」「日本経済　通貨」といった具合だ。

初心者なら、そこに「入門」という言葉を加えてみるのも手だ。

また外来語で検索するときは、別の読み方も試すようにしたい。たとえば、ローマの共和制を勉強するとき、「カエサル」だけでなく、カエサルの別の呼び方「シーザー」でも検索してみることだ。著者によってはシーザーとしか使わない人もいて、カエサルだけではそんな著者の本を逃してしまいかねない。

同様に「東京大学」なら「東大」でも探すといった具合に、広く使われている通称がある場合も、やはり両方で検索すると選択の幅を広げられる。

## 奥付をチェックするときの大事な注意点

本を選ぶときは、「奥付」をチェックするのも手である。

「奥付」は、その本の著者、出版社、印刷所、定価などを記したもので、本の最後に掲載されている。買うべきかどうかの指標となるのは、本の「発行年月日」と「刷り回数」だ。

まず、「発行年月日」だが、それを見れば、その本が新しく出た本かどうかを知ることができる。もちろん、本は新しければいいというものではないが、進化や変化のスピードが速い分野——経済、科学、技術などがその代表——だと、古い本は、興味がもてないばかりか、過去の誤った知識を仕入れるおそれすらある。だから、奥付を見て、その本がいつ出版されたのかチェックする必要があるのだ。

一方、「刷り回数」を見ると、その本がどれくらい売れているかがわかる。「第三刷」「第四刷」のように、増刷のかかっている本は、売れ行きの良い本であり、その意味では多くの読者に評価された本だといえる。

もちろん、売れた本がすべて良書とは限らないが、興味本位の本を除けば、よく売れている本には、それなりに売れる理由があったわけで、いい本である確率は高いといえる。

## 入門書を選ぶときの三つのチェックポイント

何かの勉強を始めるとき、役に立つ入門書を選ぶには、さらに次の点もチェックしておきたい。まず、図やグラフの分量である。近頃の入門書は、図やグラフによる解説を中心とする傾向が強くなっている。たしかに、わかりやすさを考えれば、入門書にはある程度の図解が必要だろう。だが、それによって文章部分の情報量が少なくなることも考えられる。説明不足のために、かえってわかりにくくなっていないかチェックしてみよう。

もう一つのチェックポイントは、初心者のために、要点が明示されているかどうかだ。具体的にいうと、各章・各項目の終わりに、重要項目がまとめられている本は使いやすい入門書といえる。初心者のうちは、どこが話の要点なのか、よくわからないもの。そこで、ポイントがまとまめられていると、理解がスムーズに進むのだ。

また、巻末に「基本文献」を載せている本もお買い得である。勉強を進めていくうえで、その文献リストが次に読むべき本選びの参考になるからだ。

# 7

# 結果につながる「情報収集」の心得

## 情報をインプットするための大原則とは

赤ペン片手に、参考文献や資料を読む。

そうして情報を集める人が多いわけだが、資料などを読み終える頃に、おびただしい数の赤線が引かれていることがある。しかし、赤線をたくさん引きすぎると、それだけで満足した気分になりやすく、もう一度見直したり、得た情報をしっかり頭に入れるという意欲が、かえって失われやすくなってしまう。

そもそも、赤線を引きすぎると、焦点がぼやけ、どの情報が役立つのか、自分でもわからなくなってしまう。せっかく、参考書に目を通しながら、頭に残るものがほとんどないという状態になりかねないのだ。

そんな失敗の最大の原因は、あらかじめ、どんな情報をほしいのか、情報収集の目的をはっきりさせていないことにある。明確な目的がないのに、漠然と赤線を引いても、本当に必要な情報は、なかなかキャッチできないものだ。

一方、情報収集の目的がはっきりしていれば、情報に対する注意力が働き、自分が必要とする情報に対して、アンテナを張っているのと同じ状態になる。本を読んでいても、不要な部分を飛ばしていけるので、それだけ短時間に必要な情報にアクセスできることになる。

こういうと、目的に合わないからといって、重要な情報を見落としてしまうのではと心配になる人もいるかもしれないが、むしろ目的をしっかりさせて読んだほうが、内容や表現に敏感になり、重要な情報にしっかり反応できるものである。

いずれにせよ、だらだらと本を読んで、赤線をやたらと引くより、あらかじめどんな情報がほしいかをはっきりさせてから読むほうが、よほど効率的に情報収集できることは間違いない。

## 目的別？　時間別？　ファイル整理の正しいやり方

新聞や雑誌の切り抜きやメモなどの情報をファイルしている人は多いだろう。

では、そのファイルの分類法は、「目的別」「時間順」のどちらだろうか。もちろん、利用目的によって、どちらが便利かは違ってくるが、一般的には「時間順」の整理法のほうが便利だといわれている。

たとえば、勉強中や仕事中に「そういえば、これに関連する資料があったな」と思い出すのは、新しい情報である確率が高い。だから、時間順にファイルしておくと、すぐにお目当てのファイルを見つけることができるのだ。

また、一度利用した情報は、「時間順」の手前の方にファイルしておけば、再び利用するとき、簡単に取り出せる。その一方で、使われることのない不要な情報は、自然に奥のほうへと追いやられていく。

こうして、数カ月に一度の割合で再チェックし、用済みの情報を古いほうから捨てていけば、〝ファイルの肥やし〟となっている不必要な情報を自然に追い出すことができるというわけだ。

一方、目的別にファイルすると、使える情報と用済みの情報が混ざり合って、重要な情報に効率よくアクセスすることが難しくなる。

同じことは、パソコンに保管しているデータについてもいえる。古くなって、ほとんど利用価値のない情報を大切に保管しているのは、明らかに無駄。時間順に整理しておいたほうが検索しやすく、必要な情報へのアクセス時間を確実に短縮できる。

## なぜ情報の〝棚卸し〟が大事なのか

「なるほどなあ」と感心をして、新聞や雑誌の記事を切り抜いておいても、1週間もたつと、「どうして、こんな記事を切り抜いたのだろう」と、自分自身の判断に疑問を抱くことがある。

現代のような変化の激しい時代では、最初に接したときは「役に立つ情報」と感じても、時間の経過とともに、情報価値が急速に低下していくからである。

そこで、ファイルした情報は、定期的に〝棚卸し〟して、不要になった情報は捨てることが大切になってくる。

デパートや商店でも、定期的に棚卸しを行い、在庫の商品を調べては売れ行きの悪いものを処分している。集めた情報も、定期的に棚卸ししないと、〝不良在庫〟ばかりがふくらむことになる。

調査によれば、「役に立つ」と思った情報のうちでも、1年以上保存する価値のあるのは、せいぜい10％程度という。一度見たら、1週間後には捨てていい情報が40％。3カ月後に捨てていいものが20%。6カ月以上後に捨てていいのが30%程度の見当だという。

つまり、どんなに情報を集めたとしても、3カ月も経てば、半分以上は不要となるわけである。

だから、3カ月に一度程度、ヒマを見つけて情報の棚卸しをすれば、情報の不良在庫をかなり減らせるはずである。

## 情報収集で差をつけるカシコい「付箋」の使い方

本を読んでいて、「ここ、参考になりそう」と思ったとき、あなたは、どうしているだろうか？　ペンで赤線を引く人は多いだろうし、そのページの端を折っておくという人もいるかもしれない。

しかし、それが図書館で借りた本であれば、書き込むことも折り曲げることもできない。また、自分の本であっても、電車の中で立っていれば、書き込みはしにくいだろうし、そもそも書籍に書き込みをするのが嫌という人もいるだろう。

そんなとき、役に立つのが付箋である。

付箋なら、どこでも簡単に貼れるし、本が汚れることもない。あとで情報を確認・整理するときにも、重要な部分を見落とすことはない。赤線を引いておいただけでは、後で情報を確認するとき、案外見落とすことが多いものだ。

また、新聞や雑誌も、必要な記事やページをその場で破ったのでは、かばんのなかでクチャクチャになったり、他の書類とまぎれてしまうこともある。付箋をつけておき、あとで整理すれば、紛失することもない。

さらに、大きめの付箋をつかえば、付箋自体に書き込むこともできる。本や新聞、雑誌を読んでいて、思ったことを付箋に記入しておけば、あとで記憶を呼び戻すことも楽にできる。

人によっては、後日、切り抜きをしながら、なぜこの記事に付箋をつけたか忘れていることもあるだろう。

そんなとき、付箋に走り書きをしておけば、「必要な記事」と思った理由が、はっきり思い出せるはずだ。

ちょっとした思い付きでも、メモしておけば、後々ヒントになることも少なくないのである。

## 新聞、雑誌が伝えない生情報を探すワザ

「情報収集の方法」といえば、ネット検索のほかは、新聞、雑誌や書籍、あるいはテレビを思い浮かべる人が多いだろう。もちろん、それらのマスコミは、貴重な情報源にはちがいない。しかし、その一方で、生の情報を入手できる「耳学問」の有効性を忘れないようにしたい。

そもそも、マスコミが伝える情報は、すべて送り手によって加工されている。また、送り手を通過することによって、すでに鮮度を失っているといってもよい。

たとえば、いまどきの女子高生の生態は、マスコミを通じても伝えられているが、それでもアパレル企業には、女子高生を集め、フリートーキングしてもらう機会を設けている会社もある。その機会に、彼女たちの本音を聞き出し、次の流行の芽を感じとるのが狙いだ。

マスコミを通した情報では、女子高生たちのビビッドな感覚をつかみとることはできない。マスコミ情報をもとにしていては、しょせん二番煎じ、三番煎じの企画しか出てこな

いことを企画担当者たちはよく知っているのだ。

さらに、日頃から、耳学問を重視していると、電車のなかで聞こえてくる会話や、タクシードライバーの話などにも、ピンとくることが多くなるもの。むろん、知人からも重要な情報をゲットできる機会が増えていくことだろう。

## 信憑性が疑わしい情報を一発で見抜くチェック法

たとえば、友人から「○○銀行が危ないらしい」と聞いたとする。そんなとき、まずは「本当なの？」と疑ってみる人が多いはずである。

しかし、新聞や雑誌で「○○銀行が危ないらしい」という記事を読めば、そのまま信じてしまう人が多いのではなかろうか。

活字になっているというだけで、その情報は妙な説得力をもつわけだが、注意したいのは、「……らしい」とか、「……と思う」と表現されている記事である。

そういう情報は、記者が明確な裏づけを取っていなかったり、伝聞に基づいて書いているケースが多く、うっかり鵜呑みにしてしまうと、結果的に誤報だったということもあるのだ。

じっさい、新聞や雑誌によっては、「……らしい」とか、「……といわれている」、「……という」という表現を多用するメディアもある。

たとえば、記事で「△△が、某テレビ局の株を買い占めている」と断定すれば、その事実を裏づける証拠をつかんでいなければならないが、「株を買い占めているといわれている」とか、「株を買い占めているという」と書けば、証拠を出せといわれても、書き手は「あくまで噂です」と逃げることができる。

つまり、「……という」とか、「……といわれている」という表現は、書き手が、事実をはっきりと確認していないことの証拠なのだ。

しかし、あいまいな情報であっても、活字になっていれば、読む側はその情報を鵜呑みにしやすくなる。あいまいな表現の情報には、くれぐれも注意が必要だ。

## 資料整理には三つの「箱」が欠かせない

ダンボール箱の中に、切り抜いた新聞や雑誌の記事を次々と投げ込んでおくという人もいる。いちいち分類するのは面倒というタイプに、そういう人が多いようだ。

しかし、時々は、箱の中身を整理しなければ、宝の持ち腐れになってしまう。後で、必要な情報を探し出すのも大変で、情報整理の達人から見れば、そんな資料箱は単なるゴミ箱と変わらない。

〝資料箱〟を役立てるには、切り抜きが少したまった時点で、読み返し、自分なりに分類する習慣をつけることだ。「その分類がなかなかできないんだ」という人は、次の三つの箱を用意するといい。

三つの箱の用途は以下の通りである。まず、一つめの箱は「最新情報用」。切り抜いた記事などをどんどん投げ込んでいくための箱だ。

二つ目の箱には「重要情報用」で、「最新情報」のなかから、価値の高い情報を入れていく。

三つ目の箱には「保留情報用」で、「最新情報」のなかから、もう少し手元に残しておきたい情報を入れておく。そして、不要と判断した情報は、迷うことなくゴミ箱へ捨てることである。

こうしておけば、「最新情報」「重要情報」に格段とアクセスしやすくなる。

## 他人から情報を引き出すちょっとしたコツ

「人を見たら、情報と思え」という言葉があるほど、人はもっとも貴重な情報ソースといえる。

しかし、これほど、当たりはずれの多い情報源もない。最大の問題は、〝誰〟に話を聞くかである。

取材対象の選び方として、効率的な方法は、マスコミの紹介記事を読んで、興味を抱いた人にアプローチすることである。短い紹介記事を読んで、何事かピンと来たということは、その人の仕事、業績などがあなたの関心事に関連していたからだろう。その分、あなたが必要とする情報をもっている確率は高いはずだ。

また、マスコミの取材に応じているということは、他人に話すことに抵抗のない人とみていいだろう。面会を申し込んだとき、会ってくれる可能性は低くはないはずだ。

新聞やテレビで紹介されると、多くの人が連絡をとっているかもしれないと思う人もいるだろうが、じつは意外にそうでもない。知人や友人以外からは、反響がまったくないということもあるくらいだ。

仮に断られたとしても、素直に引き下がればいいだけのこと。ダメもと承知で、気軽にアクセスしてみよう。

## 新聞を効率的に読みこなすとっておきの方法

新聞の朝刊は、おおむね30〜40ページ立てになっている。すべての記事や広告に目を通すと、半日はかかるだろう。定年退職して、ヒマをもてあましている人には、毎日、完全読破に挑戦している人もいるというが、現役バリバリの学生や社会人に、そんな時間のゆとりはないはずだ。

しかし、新聞は貴重な情報源となるだけに、毎日効率よく読みたいところ。いちばん大切なことは、まず新聞を読む時間帯を決めることである。

毎日、起床後の15分とか、電車に乗っている20分間などと、新聞を開く時間を決めておく。そして、その時間には必ず目を通すのだ。

そうでもしなければ、よほどの新聞好きでもない限り、しだいに新聞を開かなくなってしまうからだ。最近は、テレビやネットニュースで、世の中の動きをザッとは知ることができる。すると、読まなかった新聞がどんどんたまり、貴重な情報もそのままリサイクル送りということになってしまう。

また、新聞を読むときは、見出しを拾い読みし、興味が湧いたとき、記事も読むという方法が、もっとも情報を吸収しやすくなる。さらに、新聞記事は「逆三角形」に書かれていることを知っていると、時間の無駄をはぶける。

「逆三角形」とは、記事の頭にもっとも重要な情報を書き、うしろにいくに従って、細かな事実を並べるという新聞記事の書き方のこと。これは、締め切り間際に重大な記事が飛び込んできたときなどに、掲載記事を後ろのほうから削って字数を減らし、紙面スペースを開けるための工夫でもあるのだが、読者からすれば、記事の最初の部分だけを読んでも、肝心なことはわかるということになる。

また、新聞記事を保存するコツは、すぐにはスクラップブックに貼りつけないこと。前述のように、切り抜いた記事は、とりあえず〝情報収集箱〟に入れておき、週末など時間のあるときに、切り抜いた記事をもう一度チェックして、スクラップしたり、メモをしたり、捨てたりと、興味と必要に応じて区分けするといい。

こうすると、本当に必要な情報だけスクラップでき、保存された新聞記事は、あなたにとってより効率的で貴重なデータベースに育っていくはずだ。

## 2紙以上の読み比べで自分だけのセンスを鍛える

新聞は、全国紙も地方紙も、結局は同じような内容と思っていないだろうか？

しかし、それは偏見である。全国紙同士でも、同じ記事をよく読み比べてみれば、扱う大きさが違っていたり、解説内容や論評がまるで違うこともある。さらに、家庭欄や文化欄は、各新聞によって、まったく違った記事が掲載されている。

だから、2紙以上を読み比べて、幅広く情報収集すれば、他の人の知らない視点を案外たやすく身につけることができる。

もちろん、全国紙を二紙読み比べるだけでなく、業界紙や地方紙を2紙目に選んでもいい。とくに、仕事や趣味など、興味のある分野の業界紙ならば、情報を効率よく吸収できるはずだ。

しかも、自分の趣味で選んだ新聞なら、周りに同じ新聞を購読している人は少ないはずだから、あなた独自の情報源として利用できる。業界紙には、週1回発行程度のものが多いので、三つめの購読紙として読むことも可能だ。

一方、地方紙には、その地方ならではのユニークな記事やキャンペーン記事が掲載されている。それを単なるローカル記事と読み捨てるか、地元密着の詳細な記事から、ビジネスヒントを見つけるかは、あなたのセンスしだい。じっさい、故郷のローカル紙に掲載されていた商店街活性化の記事から、スーパー再生のヒントをつかんだ経営者もいる。

また、スポーツ好きなら、スポーツ紙を購読するのも一つの手である。スポーツ紙はご存じのように、社会面や文化面が意外に充実している。とくに、流行や気になる現象については、全国紙にはない視点からの独自取材で、大きく取り扱っているものだ。

スポーツ紙仕込みの情報は、交渉や接待の席で、場を盛り上げるネタとしてもけっこう使える。

## 「まとめ癖」をつけると効果倍増のワケ

他人の話をじっと聞いていて、相手が話し終えると、すぐに、「要するに、○○の△△

がネックということだね」などと、長かった話をひと言でピシッとまとめてあげる人がいる。なかには、他の出席者が内心「よっ、名人芸！」となってしまうほど、見事にまとめあげる人もいる。

「あの芸当は、とてもマネできない」と思っても、その名人芸に近づく努力はできるはず。たとえば、新聞や雑誌の記事を読んだとき、「要するに」と自分なりにまとめてみるのも、その近道である。

その練習を繰り返せば、やがては人の話も「要するに○○ということだね」と、短い言葉で要約できるようになってくるはずだ。

また、新聞や雑誌の記事を読んで、「要するに」とまとめる習慣をつければ、むろん読んだ記事が鮮明に頭に残ることになる。インプットの段階で、情報が分析され、整理されるため、記憶に長く残りやすくなるのだ。

さらに、このトレーニングは、情報をアウトプットする訓練にもなる。たとえば、会議などで、意見を言いたいのだが、頭のなかでうまくまとまらないことがあるだろうが、「要するに」とまとめるトレーニングを積んでいれば、頭で考えていることが自然に整理され、他人に対しても、要点をわかりやすく話せるようになってくる。

目にした記事を「要するに」とまとめていく日々の訓練が、大きな効果をもたらすというわけだ。

## 情報を上手く引き出すための雑誌保存のポイント

雑誌の編集部には、「目次」がスクラップされている。既刊の雑誌から、目次だけが切り取られ、発行順に保存されているのだ。

そのファイルがあれば、読者から「こんな記事の載った号を探しているんですけど」という問い合わせにも、すぐに回答できるし、編集部員が過去の記事を参考にしたいときにも、すぐに目当ての掲載誌を探せるからである。

さて、雑誌の記事をスクラップしている人は、どんどんたまっていく記事の保管に困っているのではないだろうか？　雑誌記事は何ページにも渡るので、新聞記事よりも量的にかさばりがちだ。

また、記事を丸ごと保存しても、半分以上は不要なページだったり、広告ページも含まれている。ましてや、雑誌をまるごと保存しておこうとすれば、相当のスペースが必要になってくる。

そこで、目次だけをファイルしておく編集部方式をおすすめしたい。目次があれば、何年の何月号の記事だったか、ひと目でわかる。そして、発行された雑誌は、たいてい図書館などで保存されているから、読みたいときは図書館を利用するのだ。

また、バックナンバーを出版社に注文するときも、号数がわかれば、話が早い。もちろん、入手するまでには、時間がかかるが、机の上や本棚は、確実にスッキリするはずである。

## スクラップ不要！ 達人の情報収集・整理術

自宅にもっとも近い図書館では、どんな新聞や雑誌を読めるかご存じだろうか？ 図書館は、静かに勉強できる場所としてだけではなく、情報のデータベースとしても、貴重な存在なのだが、案外、身近な図書館の存在を見落としている人は少なくない。

小さな図書館でも、さまざまな分野の書籍はもちろん、全国紙やスポーツ紙、地元紙は、たいていそろっている。また、主要雑誌も常備されているので、週末にでも図書館に通う習慣をつければ、かなりの情報をゲットできるはずだ。

また、過去の新聞記事も、公共の図書館なら無料で読むことができる。インターネットの有料データベースで検索するより、手間はかかるが、お金はかからない。インターネットで見出し検索だけしておき、記事は図書館で調べれば、より効率的だろう。

さらに、大きな図書館なら、全国の地方紙や専門雑誌がそろっているところもある。地元の図書館に、どんな新聞や雑誌がそろっているか知っておけば、自分でスクラップする必要もなく、膨大なデータベースを有効に使えるはずだ。

# 8
# いい「アイデア」が出せる人の共通点

## アイデアのタネを見つけるのがうまい人の習慣

斬新なアイデアを次から次へと生み出すような天才的な企画者は、ほんのひと握りだけ。周りをながめてみても、めったにいるものではない。

しかし、会社内で「アイデアマン」と呼ばれるレベルの人なら、そう珍しくはない。そういう人は、天才的な人物というより、アイデアを生み出すためのちょっとしたコツを知っている人が大半だろう。そして、そのコツとは何かといえば、日常のなかから〝ちょっとしたアイデアのタネ〟を見つけることである。

もっと平たくいえば、「必要は発明の母」とか、「失敗は成功の母」という言葉があるように、日常の「あれ?!」とか「しまった！」という感覚に敏感になることだ。

たとえば、こんな例がある。

単身赴任のサラリーマンが、自炊を始めてみたが、みそ汁をうまくつくれなかった。料理本を参考にして、みその分量を量ってみても、いつもしょっぱいみそ汁になってしまう。また、毎日、毎日、みその分量を量っていると、しだいに面倒になってきた。

そこで、そのサラリーマンは、適当なみその量が簡単にすくい取れる器具を開発した。泡立て器を円筒状にしたような形で、それをみそのなかに突っ込んで回転させると、設定した分量のみそが取れるという器具だ。目盛りがついていて、お湯の量や具によって、みその分量を変えられる仕組みだ。

その後、この器具が商品化されると、１個１５７５円で、月に４０００個ほど売れるヒット商品となった。そのサラリーマンは、日常での「不便」「面倒」という自分の感覚を敏感に拾い上げて、ヒット商品という果実に結びつけたのである。

日頃から、「イライラしたこと」「わずらわしいと思ったこと」「とまどったこと」「ヒヤリとしたこと」。あるいは、反対に「楽しかったこと」「家族が喜ぶだろうと思うこと」「みんなに教えてあげたいと思ったこと」などのアイデアのタネに敏感でいれば、周りから「アイデアマン」と呼ばれるのは、決して難しいことではない。

## 自分をダメにする「セルフキラーフレーズ」の謎

子供をほめながら勉強させるのと、けなしながら勉強させるのでは、どちらのほうが、成績は伸びやすいか。そう問われれば、たいていの人は「ほめるほう」と答えるだろう。じっさい、多くの心理学者の実験で、子供に限らず、人はほめられたほうが伸びることが証明されている。

ところが、そうは思っていても、現実には、ほめるよりも、けなして育てる親のほうがはるかに多い。また、自分自身に対しても、ほめるよりも、けなすことが多い人がいるものだ。

たとえば、会議の発言でも、「ほめられたプランではありませんが」「若い人にはウケないかもしれませんが」「たいした意見は言えませんが」というように、自分を否定する言葉を口する人たちである。

こうした自分を否定する言葉は、心理学では「セルフキラーフレーズ」と呼ばれている。こういう自己否定の言葉を口にするのは、子供をけなしながら勉強させるのと同じことになりがちだ。要するに、力が伸びなくなるのである。

もちろん、日本語的には、そうした表現は謙譲表現であり、この国では昔から謙遜は美徳とされてきた。しかし、謙譲表現は、自分に自信のある人が使うならまだしも、自信のない人が使うと、「自分はダメだ」と暗示をかけることになりかねない。マイナス方向の暗示は、知らないうちに自分で自分の脳の働きを鈍くしてしまうのだ。

　他人に言うかどうかは別にして、「このプラン、気に入ってるんですよ」「最近、調子いいんですよ」「いつも気のきいた意見をいうでしょ」「なかなかやりますよ、私は」などと、自分への誉め言葉をささやきつづけるほうが、ずっと自分のためになる。

## 思考力が落ちていく常識の罠とは

　ある新聞記者が、地区の体育祭が盛大に行われたという記事を書いた。翌日の新聞には、写真つきで記事が掲載されたが、驚いたのはその地区の人々だった。予定されていた運動会が雨で中止になっていたからだ。

　新聞社で原因を調べたところ、若い記者が取材もせずに記事を書き、前年に撮られた写真と一緒に入稿したことが判明。記事は、記者によるデッチ上げだった。

　このケースなど、極端な例と思われるかもしれないが、前例に縛られて記事を書くことの多い、新聞記者の現状をよく表していると指摘する声があった。

　もともと、新聞記者になるような人には、文章がうまく、発想や考え方もユニークな人が多い。ところが、若手記者の書く新聞記事というのは、「何がどうなったことが、いつ、どこでどうされた」という型にはまったものばかり。やがて、前例や前年の記事をひな形に、記事を書くようになっていく。その作業を繰り返すなか、文才もユニークな視点も失っていく人が少なくないのだ。

事情は、ビジネスマンも同じだろう。前例や習慣に縛られていると、ビジネスマンとしてばかりではなく、一人の人間としても、融通がきかず、面白みのない人間になってしまう。逆にいえば、日常に埋没しそうな自分を変えるには、前例や習慣を打破することだということもできる。

もちろん、「出る杭は打たれる」というように、周囲の反発は予想される。しかし、出ない杭は、そのまま腐るしかないのも事実。できることなら、後ろ盾になってくれるような上司や先輩を見つけ、前例や習慣に果敢に挑戦していきたい。

## オズボーン流モノの考え方・九つの「定石」

アメリカの心理学者オズボーンが、アイデアを生み出すためのチェックリストをまとめているので、紹介しておきたい。ちなみに、オズボーンは、ブレーンストーミング法を開発した発想法の第一人者である。

オズボーンのすすめる発想法としては、まず「新しいことに使えないか考える（他の用途）」というのがある。いつもと同じ使い方ではなく、まったく違う使い方をできないかと考えていく。それをヒントに、新しいモノを生み出していくのである。

また、彼のいう発想法には、「一部を変えられないか考える（変更）」。「大きくしたり、小さくしたら、どうなるかを考える（拡大と縮小）」というのもある。

さらに、「他の人やモノには使えないか考えてみる（代用）」、「順番、時間などを入れ替えてみる（入れ替え）」、「左右、上下、発想などを逆にしてみる（逆転）」、「つなげてみたり、他のものと組み合わせてみる（結合と組み合わせ）」「他からマネできるものはないか考えてみる（マネ）」の九つを彼は挙げている。

じっさい、人々を驚かせた多くのアイデアは、こうした発想法を出発点にして生まれている。

人と違った発想法を身につけるためにも、まずはこうした発想法の定石を知っておいたほうがいいだろう。

## 他人に笑われることを恐れない勇気

スポーツの外国人監督には、「日本の若者は失敗を恐れて、チャレンジ精神が足りない」という人が多い。この評価は、プロ野球やサッカー選手に限らず、また若者に限らず、昔から日本人全体に対していわれてきたことといってもいいだろう。

たしかに、日本人には、こんなことをすれば笑われるのではないかと考えて、自己規制する人が多いようだ。

そんな日本の風潮に対して、「チャレンジしての失敗を恐れるよりも、何もしないことを恐れろ！」といったのが、ホンダの創始者本田宗一郎氏。言い方を替えれば、人に笑われることを恐れず、挑戦しなさいということだろう。そうでなければ、せっかくのアイデアも、日の目を見ないままに終わってしまう。

じっさい、偉大な業績の第一歩は、同僚に笑われたことから始まるという例が少なくない。しかし、成功者は、笑われてもメゲず、チャレンジし続けたからこそ、大きな成功をつかんだのだ。

## 考えに行き詰まった時の「突破口」の見つけ方

アイデアに行き詰まり、イライラしていた人がいた。自宅にいても、子どもの大きな声やテレビの音声に腹を立てたり、1人で部屋にこもって悶々としていたという。また、会社にいても、同僚の話し声や笑い声にも、わけもなく腹が立ったという。同じような経験は、ビジネスマンなら、だれにでもあるだろう。

考えに行き詰まってしまうのは、頭のなかの情報整理がうまくいっていない状態といえる。そんなとき、外部から新たな情報が入ってくると、さらに頭の中が混乱し、感情がたかぶりやすくなるものだ。

そんなときこそ、〝情報〟をうまく利用して、気分転換に結びつけることだ。

たとえば、雑誌を開いて広告のページだけを眺めたり、ラジオやテレビの音声だけを聞いてみる。また、子どもと一緒になって遊んでみたり、近所の本屋をブラブラしてみる。すると、気分が静まるだけでなく、何かの拍子に、ポンと音を立てるようにアイデアが浮かんでくることがあるのだ。

あえて関係のない情報を入れると、それが脳への格好の刺激になることがあるというわけだ。「急がば回れ」ということわざがあるが、考えが行き詰まったときには、わざわざ遠回りしてみることも有効な解決策になる。

優秀な営業マンのなかには、出張先につくと、現地のデパートやスーパーを歩き回ってみる人もいる。現地の生活や匂いに触れて、頭を刺激し、仕事への〝準備運動〟とするわけだ。

もちろん、そうして目にしたり耳で聞いた生の情報は、有形無形を問わず必ず役立つと、その優秀な営業マンは語っている。

## 考えてから進めるより、進めながら考える

いまでは、超有名企業の京セラが、初めてアメリカへ2人の社員を派遣したとき、創業者の稲盛和夫氏は、まったく英語の話せない社員を選んだという。

もちろん、そこには、稲盛氏独特の狙いがあった。その2人の社員は、英語は話せないが、かなりの努力家だった。

じっさい、2人は、最初のうちこそ言葉で相当な苦労をするが、わずか半年で語学が上達したばかりか、アメリカの企業に負けないアイデアをつぎつぎと生み出していったという。

また、こんなエピソードもある。のちにアメリカへ派遣された社員たちが、英語を勉強し始めた。

すると、教室や図書館にこもって勉強するグループと、どんどん街へ遊びに出て行くグループに分かれたが、半年後、生きた英語を話せるようになったのは、遊んでいた社員たちのほうだった。

これらのエピソードは、「とにかくやってみる」ということの大切さを物語っている。

いい考えが浮かばなければ、あれこれ考え悩まず、レポートを書き始めたり、プレゼンテーション用の原稿を書き始める。また、大変な仕事を引き受けたと思っても、悩む前に、具体的に仕事や勉強を始めてみる。すると、何か具体的な作業をした方が、本物の力が身につくということである。

仕事で、いい考えが浮かばなくても、悩むことはやめて、とにかく始めてみる。そして、仕事を進めながら、考える。そのほうが、ずっと効率的である。

## 「ＫＪ法」で発想力を鍛えるコツ

有名な発想法に、ＫＪ法がある。発案者は、文化人類学者の川喜田二郎氏で、名前の頭文字をとって「ＫＪ法」と呼ばれている。

アイデアを引き出したいときから、文章を書くときまで、広く使える発想法として知られ、小グループで行ったとき、もっとも効果は高くなる。

用意するのは、小さなカードとクリップ、そして模造紙である。

まず、ブレーンストーミングなどで出されたアイデアや意見を、短い言葉でそれぞれカードに書き込んでいく。このとき、１枚のカードに書くのは、一つの事柄だけである。

つぎに、言葉を書いたカードを広げ、似た内容のもの同士を重ねていく。あまり考えずに、直感で分類していくことが重要だという。ある程度まとまったら、グループごとにクリップでまとめ、そのグループ全体を表す一文をラベルカードに書き込む。

そして、用意した模造紙の上に、各グループ同士の関係を考えながら配置していく。テーマ的に近いものを側にしながら、各グループの「目的と手段」、「原因と結果」、「空間的または時間的順序」などの相互関係を考えるのである。配置が終わると、模造紙にお互いの関係性を線や矢印で書き込んでいく。

こうすることによって、情報が整理され、何が問題で、何について考えるべきかがはっきりしてくる。そして、模造紙に各グループの関係を描き出すことで、全体の構造や、全体のなかでの位置付けがよくわかるようになる。

これらの関係を考えつつ、ラベルカードに書かれた一文を利用して文章化していけば、レポートや論文などとしてもまとめやすくなるというわけだ。

## 「現状」を理解するための「過去」の読み方

「歴史は繰り返す」といわれる。たしかに、世の中や自分を取り巻く状況に、一定のパターンがあるのは確かだろう。

だからこそ、いまの状況が、過去のどんな状況と似ているのかを調べてみるのは、思考法として有力な手法だ。過去の状況と、どういう点が類似していて、どういう点が違うのかを考えれば、自然と問題点が明らかになるだろう。また、過去の問題解決法を参考にすれば、現在の問題解決への大きなヒントになるはずだ。

このように、ものごとを「比較的にとらえる」方法は、現状をさまざまな視点でとらえるさいに、大きな威力を発揮する。

過去と比べるだけでなく、たとえば、〝空間的〟に比較する方法もある。「アメリカでは、どうなのか」「他社では、どうなのか」「他の家では、どうなのか」と、別の空間に比較して考えるのだ。すると、別の空間での対応が参考になり、思考の手助けになる。

もちろん、時間的・空間的に比較して考えるときは、一つか二つと比較して、すぐに結論に飛びつかないことだ。ほとんどの現象は、複雑な因果関係に基づいている。比べるときには、なるべく多くの比較例を用意して、さまざまな視点で検討することが必要だ。

# 9

# なぜか説得される「文章力」の秘密

## 起承転結は忘れたほうがいいワケ

「京の五条の糸屋の娘、姉は一六、妹は一四。諸国武将は弓矢で殺す。糸屋の娘は目で殺す」

このフレーズは、昔から文章を書くときの〝起承転結〟の見本として知られている。このフレーズでは、結論を最後にもってきているわけだが、現在は何よりスピードが求められる時代。いまでは、ビジネス文書では「結論」を先に書くのが常識となっている。

じっさい、ビジネス文書に「京の五条の糸屋の娘」式に書かれても、読み手は「その娘がどうしたんだ」と結論を早く知りたがるはずである。ましてや、「姉は一六、妹は一四」というような年齢情報は、「結論」よりもはるかに優先順位が低いはずだ。

ビジネス文書として書くなら、冒頭の文章は「糸屋の娘は目で殺す。京の五条の糸屋の娘、姉は一六、妹は一四」で十分だろう。「転」にあたる「諸国武将は弓矢で殺す」はなくても意味は通じるので、省略したほうがいい。

そもそも、話がまわりくどくなる「転」がなくても通じる文章でなければ、合格とはいえない。

読みやすい文書とは、パラグラフの最初に「結論」があって、その後、わかりやすい説明が重要事項順に並べられている文章である。

また、結論は、その段落全体の意味を伝える要約文ともいえる。そこで、主語と述語をもった完全な文の形にしておくことだ。さらに、「糸屋の娘は魅力的である」などと、あいまいな表現をつかわず、この場合でいえばどう魅力的なのか、具体的に書くことも重要だ。

## 最初の準備は「箇条書き」

「あ、そうだ」と文章を思いつき、よし、書こうと思ったら、「えっ、何だったたっけ」と早くも忘れている。文章を書くたびに、そんな経験をしている人もいるだろう。

「いま、思いついた文章も忘れてしまうとは、よほど記憶力が弱いのか」とガックリしている人もいるかもしれないが、単に文章を書きなれていないのが原因だから、深刻に考える必要はない。

だれでも、文章を書くことに慣れないうちは、パソコンや原稿用紙の前に座っても、なかなか書き出せないものだが、そんな初心者にすすめたいのは、書く前に思いついたことを箇条書きにしてみるという方法だ。

思いついたキーワードを並べるだけでもいいし、ごく短い文章を脈絡なく書き並べてもいい。きちっとした文章にまとめる必要がないのだから、だれでも気軽にできる作業だろう。

こうして書きたいことを箇条書きにできれば、つぎにその箇条書きの順番を並べかえてみる。そして、それぞれに肉付けをしながら、文章化していけばいい。

こうすれば、目の前にある単語や文をもとにするので、それだけ文章はまとまりやすくなる。また、箇条書きしたことがメモ代わりになるので、いったん思いついた文を忘れることもない。頭の中だけで文章を組み立てるより、よほど効率よく文章が書けるはずである。

また、箇条書きすれば、どんな情報が不足しているかもよくわかる。材料が足りなければ、それを探せばいいし、その材料が探せなければ、構想自体に無理があることもわかるはず。論旨の方向転換もしやすく、あれこれ考えて無駄な時間を費やすことはなくなるはずだ。

有名な小説家にも、創作ノートを作り、自分の書きたいことやストーリーの運びなどを箇条書きにしている人が多いものだ。

プロでも、書くための準備をしっかりしているのだから、文章を書くことに慣れていない人は、なおさら箇条書きにすることからはじめて、〝基礎工事〟から文章を組み立てていくことが大切になる。

## 集めたデータの見せ方、隠し方

「文才がなくて」「文章が下手で」と嘆く人がいる。だが、面白い小説を書くには、たしかに文才も必要かもしれないが、ビジネス文書では必ずしもそうではない。むしろ、書く前に、どんな準備をするかで、その価値は決まってくる。

ビジネス文書は、例外なく、データと分析から成り立っている。ということは、まず十分なデータがなければ、しっかりとした文書は書けないということである。

新聞や雑誌の記事なら、データは取材の中身に相当する。マスコミ界には「記事は足で書け」という言葉があるが、たしかに優秀な記者ほど、取材に多くの時間と労力をかけて、熱心にデータを集めるものだ。

それに対して、取材力のない記者は、多少文章がうまくても、やがては一線を離れ、閑《かん》職《しょく》へと追いやられていくものだ。〝データ収集力〟は、記者の人生を左右するほど重要な要素なのである。

ビジネス文書にも、似たようなことがいえる。文を書く前に、どれだけの時間と労力をかけて、データを集めたか。新鮮かつ重要なデータが多ければ多いほど、その文書は実り豊かなものになるはずである。

また、データ収集に時間と労力をかければ、自然と頭の中でデータが分析され、整理されていく。いざパソコンに向かったときは、文書化するのも容易になっているはずだ。

もっとも、データを集めすぎて、かえって混乱することもある。そんなときには、気の合う同僚でも誘って、一杯やりながら内容を話してみるといい。相手の反応を見ながら話していると、しだいに考えもまとまってくるだろうし、反応のよい話を文書に反映させれば、〝読者〟にとって魅力的な文章になるはずだ。

## 書きはじめる前に必要な四つのチェック項目

ビジネス文書を書く前には、社内の人間が読むのか、取引先の担当者が読むのかなど、読み手を考えて書く必要がある。

といえば、そんなこと常識だという人もいるだろうが、意外に読み手のことを考えないで文書を書く人は少なくない。そのため、文書の焦点がぼけたり、わかりにくくなっているケースもある。

しっかりしたビジネス文書を書くためには、少なくとも、つぎの4点を押さえておきたい。

まず、読み手が誰なのかをはっきりさせたら、その読み手は、詳細を知りたがっているのか、要約で十分なのかを考える。それによって、データの使い方や、どこまで詳しく書くかも決まってくる。要点だけを知りたいという人に、クダクダとデータを並べても退屈されるだけである。

第二には、書く形式は、メモで十分なのか、手紙か、あるいはレポート形式にするのかを考える。上司への報告ならメモ程度で十分なこともあるが、会議で発表するなら、レポート形式にまとめるほうが、いいだろう。発表の場や方法によって、どんな書き方が説得力を高めるか、よく検討することだ。

第三に、専門用語は、そのままでいいのか、日常生活で使う言葉のほうがいいのかも、重要なチェックポイントになる。たとえば、パソコンの操作マニュアルには、「このファンクションキーを押すと、定義されている文字列が入力されます」というような文章があるが、これは読み手が素人であることを考えると、なんとも不親切な文章。「文字列」という専門用語がつかわれているうえに、「定義」という見慣れた言葉に特殊な意味が与えられている。初心者が読むことを考えれば、日常生活で使うような言葉で説明したほうがいいのはいうまでもない。

第四は、文体の問題。社外に提出するときは、形式にのっとった文体が礼儀にかなっているだろうし、一般の人が読むことを想定しているのなら、堅苦しい表現は避けたい。どんな文体で書くかも、読み手によって重要な問題になってくる。

## 「一文の長さは40字前後」の絶対法則

ビジネス文書では、一文につき40~50字を上限にするのがいいといわれる。内容が堅くなりやすいビジネス文書は、短文をモットーとしたほうが読みやすくなるためだ。ダラダラとつづく長文はもちろん、「~であり」とか、「~し」という動詞の連用形でつないだ長文は、読みにくいものである。

それを踏まえたうえで、さらに読みやすい文章にするには、いったん書きあげた後、文章を読み直す習慣をつけること。それも、書き上げてすぐに読み直すのではなく、しばらく時間をおき、読者になったつもりで読んだほうがいい。そして、少しでも「長いかな」と感じる文章があれば、文意を損なわないように区切ってみる。この作業をていねいに行うだけでも、格段に読みやすく、わかりやすい文章になるはずだ。

また、適当に句点をうつことも重要だ。40前後の一文の中に、句点は一つから三つが目安になる。

## 「事実」の書き方と「意見」の書き方は違う

たとえば、新しい取引先についての報告書に、「同社は、積極的に事業展開を行っており、将来、業績を伸ばす可能性が大きい」とあったとする。これを読んで、「そうか、いい取引先に出会えた」と思う人がいれば、ちょっと待ってほしい。

まともな上司なら、こんな報告をしてきた部下に対して、少なくとも「『積極的に事業展開を行っており』というのは、君の意見なのか、誰かがそう言っているのか」と尋ねるだろう。

そして、その上司が知りたいのは、その会社がどんな事業展開をどの程度行っているという事実のほうのはずである。

ビジネス文書の〝イロハ〟に、事実と意見は区別することがある。冒頭の報告書では、その点があいまいになっているのだ。これでは、上司は、新しい取引先の将来性について、正しい判断を下すことはできない。

たとえば、事業展開の事実を見ても、それを「積極的」と評価するかどうかは、人によって異なる。ましてや、「将来、業績を伸ばす可能性」についても、人によって見方は違うはずである。

といっても、ビジネス文書で、自分の意見を述べてはいけないというわけではない。むしろ、自分の意見は、報告書の「結論」として、真っ先に明記したほうがいい。問題は、それが意見であることを明確に示し、その後に結論に達した根拠となる事実を具体的に示すこと。そうして初めて、読み手はその報告書を検証することが可能になる。

読み手が報告書をじっくり読み、「なるほど、君の出した結論は正しいようだな」と納得してくれてこそ、完成したビジネス文書といえる。

## あいまいな表現で墓穴を掘る文章とは

「土曜日から、日本シリーズが始まるじゃないですか」というように、「～じゃないですか」という表現がある。いまでは、日常語として定着してしまった感もあるが、最近では、その影響がビジネス文書にも表れてきている。

たとえば、ある若手社員は、報告書に「このプロジェクトには、将来性があるといえるのではないだろうか。そうである以上、追加投資を行うのも、仕方がないといえるだろう」と書いたという。

まともなビジネスマンなら、この報告書を読んで、もどかしさを感じるだろう。ビジネス文書に、あいまいな表現は許されない。同じことを述べるのでも、「このプロジェクトにはたしかな将来性がある。追加投資に踏み切るべきだ」と断定形で書くほうが、書き手の主張は伝わりやすい。

実際、この報告書も、断定形で書かれていれば、その後の論旨展開を予想しながら読むことができる。それに対して、あいまいな表現が多用されていては、読者は先に考えを進めることができず、もどかしさを感じることになるのだ。

とにかく、あいまいな文章は、読む側に疑念を覚えさせ、説得どころの話ではなくなってしまう。そもそも、自信のないことは書かないほうが賢明だし、書くからには中途半端な表現は避けることだ。

## ひな形の文章でも「特製」に感じさせる早ワザ

国会議員の秘書には、手紙のひな形を多数用意している人がいる。

たとえば、後援者に対するお礼や陳情者に対する回答、パーティー券購入のお願い、お悔やみ、勧誘へのお断り、結婚や出産祝い、年末年始のごあいさつなど。しかも、毎回、同じ文面にならないように、お礼状でも、二つか三つの違ったパターンを用意しているという。もし、「ひな形を用意していなければ、手紙を書くだけで、1日の仕事が終わってしまうでしょうね」とある秘書はいう。

ビジネスでも、似たような立場の人は多いだろう。受領書や確認書、定例の通知など、形の決まったものを毎回一からつくっていては、時間がいくらあっても足りない。実際、多くの人が、ひな形を利用しているが、できるビジネスマンと呼ばれたければ、同じひな形でも、どこかに〝特製〟であることを感じさせる工夫をすることだ。

たとえば、外国人には、ひな形文書をプリントアウトして、最後の署名だけは自筆で行う人が多い。自分で書くのはサインだけなのだが、これだけでもすべて活字の文書よりはぬくもりが感じられ、単なるひな形文書とは違ってくる。

また、最近は、パソコンソフトなどのひな形を利用する人が多いが、その場合も、人からもらったとき気がきいた表現と感じた文面を参考にするなど、ちょっとした言葉や細かな部分を工夫しておくことだ。

その小さな工夫が、相手にぬくもりを感じさせる。そんな小さな積み重ねが、ビジネスの世界では意外に大きな威力を発揮する。

## 何から書いていいかわからないときの処方箋

『人間失格』や『斜陽』、『走れメロス』などで知られる太宰治は、小説の書き出しに悩むタイプの作家だった。

といえば、「私も、レポートを書くとき、書き出しや最後の結びに悩むんですよ」という人がいるかもしれない。しかし、歴史に残る名作を書くわけではないのだから、ビジネス上のレポートで、そんなに悩む必要はない。書き出しにこだわるより、中身の濃さで勝負したいところだ。

実際、レポートを書くときは、必ずしも最初から書く必要はない。書きやすいところから書いていけばいいのだ。近年はパソコンを使う人が圧倒的に多いだろうから、「挿入」や「削除」を使えば、並び替えは自由自在。どこから書いても、容易に並べ替えられる。

もちろん、人によっては、文章とは、構成をしっかり決め、最初から順番に書いていくものと思い込んでいる人もいるだろう。しかし、プロの推理作家にも、結末を決めずにミステリーを書く人がいるくらいだ。

思いつくままに文章をパソコンに打ち込んでいけば、やがて全体像が見えてくるということもある。むしろ、そうしたほうが、文章の全体像や構成は手っとり早く見えてくることが多いものだ。

時間的な余裕があれば、思いつくままパソコンに文章を打ち込み、2、3日おいてから、改めて読み返しながら書き足していくという方法もある。

## 「漢字を使えば頭がよさそうに見える」の大ウソ

パソコンに向かってレポートや報告書を書くさい、いまでも、漢字が多いほど、文章の格調が高くなると思っている人がいるようだ。

しかし、新聞や雑誌を読むとき、「難しいな」とか「読みにくいな」と感じるのは、漢字の多い文章ではないだろうか。これはデータによっても証明されていて、調査によると、文書のなかに漢字の占める割合が、20％以下なら「やさしい」と感じ、30％で「普通」、それ以上は「難しいと感じる」ことがわかっている。多くの人にとって、漢字が多ければ、それだけ読みにくい文章になるのである。

というわけで、読みやすい文章を書くためには、まず漢字の使用頻度を下げることである。

まず、常用漢字以外は使わないこと。難しい漢字が使ってあっても、それは文章やレポートの評価には結びつかないのだ。

また、漢語はなるべく簡単な日本語に言い換えたい。幸い、日本語には、同じ意味を表す言葉や用語がたくさんある。四字熟語や熟語動詞などを使いたくなったら、やさしい言葉で置き換える工夫を考えたほうがいい。

さらに、漢字を２字連続で使用していたら、１字で表現できないかと考慮してみる。ちなみに、前の文をやさしく言い換えれば、「漢字を２字つづけて使っていたら、１字で表せないかと考えてみる」となる。

## 読み手の反論を事前に封じるレポート術

自分の書いた報告書やレポートに反論されて、しどろもどろになるようでは、まだまだ甘い。できるビジネスマンは、あらかじめ反論を予想し、その反論に対処するデータや意見を盛り込んでいるものだ。

これは、営業トークを考えても、よくわかるだろう。お客に新製品を売り込む場合、新しい機能や特徴についてＰＲすればするほど、お客は「その代わり、値段が高いだろう」とか「どこかに落とし穴があるはず」などと疑いやすくなるものだ。

そこで、優秀な営業マンは、自分から「値段は、少々お高くなっています」と、お客の疑問や不安を先どりする。そのうえで、「しかし、下取り価格は他社よりも高く、定期点検サービスも無料で行います」とフォローして、「ですから、皆さん、この機種を選ばれます」と展開する。こうすれば、お客は少々値段が高いことに納得してしまうというわけである。つまり、予想される反論に対して、先手を打つのである。

この説得法が有効なのは、報告書やレポート、企画書などでも同様だ。読み手の反論が出そうなところを予測し、あらかじめ説得材料を用意しておく。そうすれば、反論してやろうと手ぐすねを引いている人がいたとしても、機先を制することができる。

反論を予測して、きちんと対策をとっておくことで、あなたの報告書やレポートの評価はグッとアップするはずである。

## データは読ませるのではなく、見せるもの

報告書やレポート、企画書にデータは欠かせない。しかし、原稿のなかに、数字だけを並べても意味はない。熱心に見てくれる人は、きわめて少なく、ほとんどの人は、その部分を読み飛ばしてしまうだろう。

たしかに、数字を並べれば、字数は稼げる。苦労して集めたデータを生かしたいという気持ちも理解できるが、数字を読むことが苦痛なのは、みんな一緒。読み手に苦痛な思いをさせて、評価されるわけがない。

いまの時代、データは、読ませるのではなく、見せるのが鉄則。パソコンを使えば、棒グラフや円グラフをすぐに作成できるのだから、より読みやすい文書にするため、数値データは極力視覚化することだ。

第二部

# 小学校でやることが勉強力のキホンです！

# 1

# あの「漢字」、ホントに読めますか？書けますか？——国語

問題に選んだのは、小学生が学んでいる中学受験レベルの漢字の読み取り問題と書き取り問題です。

いずれも大人であれば、知っていて当然の漢字ばかりですが、読み方をめぐっては、一文字一文字はカンタンでも、熟語などになった場合は、特殊な読み方が生じるのが日本語の厄介なところ。

また、書き取りも、パソコンやスマホなどで「打つ」機会が増えている分、よく知っているはずの漢字でも、書けない人が多くなっているようです。でも、これくらいは書けないと、小学生に笑われてしまいます。

さて、あなたはすべて読めますか？　すべて書けますか？

## 読めないとかなり恥ずかしい漢字①

| | | | | |
|---|---|---|---|---|
| ① 口調 | ⑤ 出納 | ⑨ 音色 | ⑬ 万人 | ⑰ 憎悪 |
| ② 会釈 | ⑥ 一対 | ⑩ 発作 | ⑭ 安易 | ⑱ 好悪 |
| ③ 発足 | ⑦ 都度 | ⑪ 解熱 | ⑮ 戸外 | ⑲ 強引 |
| ④ 境内 | ⑧ 会得 | ⑫ 沢山 | ⑯ 終息 | ⑳ 画策 |

① くちょう
言葉の調子。文句の言い回し。「改まった口調」など。

② えしゃく
軽く頭を下げるあいさつ。「会釈して通りすぎる」など。

③ ほっそく
組織などが新しく設けられ、活動を始めること。

④ けいだい
境界より内側のこと。また、神社や寺院の境域の内。

⑤ すいとう
金銭や物品を出し入れすること。収入と支出。「出納帳」など。

⑥ いっつい
二つそろって一組になるもの。「一対の夫婦茶碗」など。

⑦ つど
そのたびごと。毎回。「出張の都度、必ず立ち寄る土産店」など。

⑧ えとく
意味をよく理解して自分のものとすること。「コツを会得する」など。

⑨ ねいろ
音の感覚的な特性のこと。「オルゴールの音色」「音色の変化を楽しむ」など。

⑩ ほっさ
病気の症状が突発的に起こること。「発作がおさまる」など。

⑪ げねつ
異常に高くなった体温を下げること。「効果的な解熱法」など。

⑫ たくさん
数が多いこと。×「さわやま」。

⑬ ばんにん
多くの人。すべての人。「万人に愛される」など。

⑭ あんい
わけなくできる、たやすいこと。「安易な考え」など。

⑮ こがい
家の外。「戸外用のテーブル」「戸外で元気よく遊ぶ」など。

⑯ しゅうそく
物事が終わり、やむこと。

⑰ ぞうお
心の底から憎むこと。「憎悪の念を抱く」など。

⑱ こうお
好き嫌い。好むことと憎むこと。「好悪が分かれる」など。

⑲ ごういん
力づくに無理強いすること。

⑳ かくさく
ひそかに計画をめぐらすこと。また、その計画。「裏で画策する」「画策を見抜く」など。

## 読めないとかなり恥ずかしい漢字②

| | | | | |
|---|---|---|---|---|
| ⑰ 明星 | ⑬ 行方 | ⑨ 嫌悪 | ⑤ 心地 | ① 気配 |
| ⑱ 親身 | ⑭ 便乗 | ⑩ 余興 | ⑥ 解毒 | ② 細工 |
| ⑲ 初陣 | ⑮ 権勢 | ⑪ 重宝 | ⑦ 最期 | ③ 悪寒 |
| ⑳ 軽率 | ⑯ 極上 | ⑫ 場数 | ⑧ 遊説 | ④ 納屋 |

① けはい
漠然と感じられる様子。そぶり。「人の気配がする」など。

② さいく
手先を使って細かい物を作ること。また、その作品。「精巧な細工」など。

③ おかん
発熱時などの、ぞくぞくとする寒け。「悪寒がする」など。

④ なや
主に農家などで物を納めておく小屋。「農具を納屋にしまう」など。

⑤ ここち
物事に接したときの心の状態や気分。「住み心地のよい家」など。

⑥ げどく
体内の毒を取り除いたり、毒性の低い物質に変えること。

⑦ さいご
死にぎわ、臨終。「壮絶な最期」「最期の言葉」「あっぱれな最期」など。

⑧ ゆうぜい
主に政治家が各地を演説してまわること。

⑨ けんお
不愉快に思うこと。嫌うこと。「自己嫌悪に陥る」など。

⑩ よきょう
宴会の席を盛り上げる演芸のこと。「余興のほうが盛り上がった」など。

⑪ ちょうほう
便利で役に立つこと。

⑫ ばかず
多くの経験。「場数を踏む」で経験を積むこと。

⑬ ゆくえ
今後の成り行き。行き先。「行方を占う」「金融政策の行方」など。

⑭ びんじょう
人の乗り物に相乗りする。機会をとらえて利用する

⑮ けんせい
権力を握り、勢いがあること。「権勢を振るう」など。

⑯ ごくじょう
極めて上等なこと。「極上の一品」など。

⑰ みょうじょう
星の中でも明るい金星の別名。

⑱ しんみ
温かい心づかいをすること。「親身になって世話する」など。

⑲ ういじん
初めて戦いに出ること。その戦い。「初陣を飾る」など。

⑳ けいそつ
よく考えずに物事を行うさま。かるはずみなさま。

## 大人としておさえておきたい漢字①

| | | | | |
|---|---|---|---|---|
| ⑰ 田舎 | ⑬ 直筆 | ⑨ 暴露 | ⑤ 詩歌 | ① 成就 |
| ⑱ 異形 | ⑭ 風情 | ⑩ 奥義 | ⑥ 雲間 | ② 形相 |
| ⑲ 使役 | ⑮ 亜流 | ⑪ 渋滞 | ⑦ 荘厳 | ③ 意図 |
| ⑳ 温床 | ⑯ 匹敵 | ⑫ 音頭 | ⑧ 指図 | ④ 日和 |

① **じょうじゅ**
なしとげること。かなうこと。「願いが成就する」など。

② **ぎょうそう**
表情。怒りや嫉妬などの顔つき。「憤怒の形相」など。

③ **いと**
何かをしようと考えている事柄。おもわく。「相手の意図をくむ」など。

④ **ひより**
空模様。天気がよい。また、その事をするのに都合のよい天候。

⑤ **しいか**
漢詩、和歌、俳句、詩などの総称。

⑥ **くもま**
雲の切れ目。また、雲の間から見える青空のこと。「雲間に沈む太陽」など。

⑦ **そうごん**
威厳があって気高いこと。また、その様子。

⑧ **さしず**
他の者に物事を指示すること。「君の指図は受けない」など。

⑨ **ばくろ**
悪事や秘密をあばいて明るみに出すこと。

⑩ **おうぎ**
学問や武芸などの最も重要な事柄。「剣の奥義」など。×「おくぎ」。

⑪ **じゅうたい**
動きが止まって滞ること。×「しぶたい」。

⑫ **おんど**
民族舞踊・歌の一種。「音頭を取る」は首唱者になること。

⑬ **じきひつ**
本人が直接書いたもの。「ちょくひつ」とも読む。

⑭ **ふぜい**
味わい。情趣。また、様子、ありさま。「風情ある眺め」「寂しげな風情」など。

⑮ **ありゅう**
二番煎じのこと。この「亜」は「次ぐ」という意味。

⑯ **ひってき**
比べたとき、能力や価値が同等であること。

⑰ **いなか**
都会から離れた緑の多い土地や郷里のこと。

⑱ **いぎょう**
ふつうとは違った姿形。「異形の者」など。×「いけい」。

⑲ **しえき**
人や動物をこき使うという意。

⑳ **おんしょう**
ある風潮や傾向が生まれやすい環境。「悪の温床」など。

## 大人としておさえておきたい漢字②

①都合
②工面
③感応
④平生
⑤支度
⑥薬玉
⑦装束
⑧流布
⑨光明
⑩吹雪
⑪殺生
⑫得手
⑬重複
⑭極意
⑮薄情
⑯声高
⑰場末
⑱風体
⑲対語
⑳息吹

① つごう
やりくりをすること。物事をするに当たっての事情。「都合よく電車が来た」など。

② くめん
金銭・品物をやりくりしてそろえること。「生活費を工面する」など。

③ かんのう
心が動くこと。×「かんおう」。

④ へいぜい
ふだん。いつも。日頃から。「平生とは態度が異なる」など。

⑤ したく
準備。用意。「支度は整った」「食事の支度をする」など。

⑥ くすだま
式典や運動会などで用いる飾りの玉。×「くすりだま」。

⑦ しょうぞく
特別な場に合わせた一揃えの衣服。「旅装束」など。

⑧ るふ
世間に広まること。「根も葉もない噂が流布している」など。

⑨ こうみょう
明るい光。苦しい状況での希望や明るい見通し。

⑩ ふぶき
強風に吹かれ、雪が乱れ飛びながら降ること。「吹雪の中を突き進む」など。

⑪ せっしょう
生き物を殺すこと。むごいこと。「無益な殺生」など。

⑫ えて
得意なこと。「得手に帆を揚げる」など。

⑬ ちょうふく
重なること。「じゅうふく」とも読む。

⑭ ごくい
学問や技芸で、核心となる重要な事柄。

⑮ はくじょう
愛情が薄くて冷たい、情けが薄いこと。

⑯ こわだか
大きな声のこと。「声高に唱える」など。
×「こえだか」

⑰ ばすえ
町からはずれたさびれた場所。「場末の酒場」など。
×「ばまつ」。

⑱ ふうてい
服装を含めた身なりのこと。

⑲ ついご
対照的な意味の言葉。対義語。
×「たいご」

⑳ いぶき
呼吸。活動の気配や生気。「生命の息吹」「春の息吹に触れる」など。

## 大人としておさえておきたい漢字③

① 体裁
② 知己
③ 木綿
④ 時雨
⑤ 上背
⑥ 行脚
⑦ 仮病
⑧ 登頂
⑨ 海原
⑩ 浴衣
⑪ 雪崩
⑫ 目深
⑬ 母屋
⑭ 真紅
⑮ 発端
⑯ 夜半
⑰ 常夏
⑱ 外為
⑲ 毒舌
⑳ 土産

① ていさい
外から見た感じ。外見。見栄。世間体。「体裁を整える」など。

② ちき
自分の心をよく知っている人。親友。「十年来の知己」など。

③ もめん
ワタの種子に付いている繊維を加工したもの。コットン。「木綿のシャツ」など。

④ しぐれ
降ったりやんだりする小雨。

⑤ うわぜい
身長。背が高いという意味を込めて使うことが多い。「彼は上背がある」など。

⑥ あんぎゃ
修行のため僧が各地を巡り歩くこと。ある目的で各地を巡ること。

⑦ けびょう
病気ではないのに病気のふりをすること。

⑧ とうちょう
山の頂上にのぼること。「エベレスト登頂を目指す」など。

⑨ うなばら
ひろい海。この「原」は「平らで広い」という意。

⑩ ゆかた
木綿でつくったひとえの着物。

⑪ なだれ
山に積もった雪が斜面をすべり落ちること。

⑫ まぶか
帽子などを目が隠れるほど深くかぶる様子。

⑬ おもや
「離れ」に対して敷地内の中心となる建物。

⑭ しんく
濃いくれない色のこと。「深紅」も同じ。「真紅の花びら」など。

⑮ ほったん
物事のはじまり。「物事の発端」など。

⑯ やはん
夜中のこと。

⑰ とこなつ
一年中夏のようであること。

⑱ がいため
外国為替（かわせ）の略。「外為市場」など。

⑲ どくぜつ
皮肉や批判。この「舌」は話すという意味。

⑳ みやげ
旅先で買った贈り物。「手土産」など。

## どんな動作？　どんな状態？　どんな性質？①

① 営む
② 装う
③ 退く
④ 外す
⑤ 和む
⑥ 省みる
⑦ 経る
⑧ 障る
⑨ 直す
⑩ 仕える
⑪ 授ける
⑫ 省く
⑬ 採る
⑭ 治める
⑮ 転がる
⑯ 彩る
⑰ 説く
⑱ 集う
⑲ 就く
⑳ 究める

① いとなむ
せっせと務める。生活のために仕事をする。「理髪店を営む」など。

② よそおう
身なりを整える。美しく飾る。見せかける。「平静を装う」など。

③ しりぞく
後方へ下がる。後ろへのく。職を辞める。「現役を退く」など。

④ はずす
取り除く。そらす。一時的に離れる。「的を外す」「席を外す」など。

⑤ なごむ
気持ちがやわらぐ。なごやかになる。「友の言葉に心が和む」など。

⑥ かえりみる
ふり返ってよく考える。反省する。「わが身の行いを省みる」など。

⑦ へる
時が経つ。通過する。手続きをふむ。「審査を経て採用される」など。

⑧ さわる
さまたげとなる。差し支える。害になる。「徹夜は体に障る」など。

⑨ なおす
もとの正しい状態に戻す。好ましい様子に整える。

⑩ つかえる
目上の人の身近で奉仕すること。かしづくこと。

⑪ さずける
目上の者が目下の者に与える。師が弟子に学問や技術を伝える。

⑫ はぶく
省略すること。節約の意味もある。「説明を省く」「手間を省く」など。

⑬ とる
多くの中から選んで決める。採用すること。「決を採る」「新卒を採る」など。

⑭ おさめる
国や地域を統治すること。病気を治す意味も。

⑮ ころがる
回転しながら進む。無造作に置かれる。「机に鉛筆が転がっている」など。

⑯ いろどる
色鮮やかに飾ること。×「あやどる」。

⑰ とく
話して分からせること。「道を説く」「法を説く」など。

⑱ つどう
寄り集まること。「集まる」と混同しないように。

⑲ つく
ある職業に従事する。ある地位や役職に身を置く。

⑳ きわめる
深く研究し、物事の本質をつかむこと。「道を究める」など。

## どんな動作？　どんな状態？　どんな性質？　②

① 腹黒い
② 著しい
③ 厳　か
④ 強いる
⑤ 速やか
⑥ 虚しい
⑦ 易しい
⑧ 映える
⑨ 初々しい
⑩ 和らぐ
⑪ 優れた
⑫ 歯に衣着せない
⑬ 素っ気ない
⑭ 懐かしい
⑮ 反　る
⑯ 失せる
⑰ 虚をつく
⑱ 熟れる
⑲ 戒める
⑳ 性に合う

① **はらぐろい**
心の中で悪いことを考えること。

② **いちじるしい**
はっきりとわかる。顕著である。「記憶力の低下が著しい」など。

③ **おごそか**
いかめしく近寄りにくいさま。厳粛。「厳かな雰囲気」など。

④ **しいる**
相手の気持ちを無視して、無理にさせる。「国民に重税を強いる政治」など。

⑤ **すみやか**
早いさま。「速やかに策を講ずる」「速やかな解決」など。

⑥ **むなしい**
中身がなくて空っぽなさま。

⑦ **やさしい**
単純で理解しやすいこと。「易しい問題」「易しくかみくだいて教える」など。

⑧ **はえる**
光を受けて輝く。引き立って見える。「白地にブルーのストライプが映える」など。

⑨ **ういういしい**
清純ですれていないこと。慣れていないこと。「初々しい笑顔」など。

⑩ **やわらぐ**
穏やかになること。緊張が解けるという意味も。「態度が和らぐ」など。

⑪ **すぐれた**
能力や価値が他よりも勝っていること。

⑫ **はにきぬきせない**
遠慮しないでズケズケと意見を言うこと。

⑬ **そっけない**
淡々としていて愛想がないこと。

⑭ **なつかしい**
かつて親しんだ人や物を思い出し、心ひかれる。

⑮ **そる**
後ろに曲がること。「かえる」とも読む。

⑯ **うせる**
消えること。失われること。「気力が失せる」など。

⑰ **きょをつく**
相手の隙につけこむこと。「敵の虚をつく」など。

⑱ **うれる**
果実が熟すること。「よく熟れたバナナ」など。

⑲ **いましめる**
禁止する。注意する。×「いさめる」。

⑳ **しょうにあう**
性格や好みが合うこと。

## 「三文字」の漢字が読めますか？

| | | | | |
|---|---|---|---|---|
| ⑰ 小間物 | ⑬ 御用達 | ⑨ 古文書 | ⑤ 赤銅色 | ① 雑木林 |
| ⑱ 出初式 | ⑭ 金看板 | ⑩ 清水焼 | ⑥ 再来年 | ② 無造作 |
| ⑲ 大時代 | ⑮ 御利益 | ⑪ 三十路 | ⑦ 一段落 | ③ 意気地 |
| ⑳ 総花的 | ⑯ 三行半 | ⑫ 道産子 | ⑧ 不細工 | ④ 五月雨 |

① **ぞうきばやし**
いろいろな木が混じって生えている林。

② **むぞうさ**
気軽なこと。慎重でないこと。「茶碗を無造作に包む」など。

③ **いくじ**
物事をやりとげようとする頑張りや気力。「意気地がない」など

④ **さみだれ**
陰暦5月ごろの長雨。梅雨。「五月雨にかすむ景色」など。

⑤ **しゃくどういろ**
赤銅のように暗い赤茶色のこと。日焼けした肌を指すことが多い。

⑥ **さらいねん**
次の次の年。「再来年の今ごろは何をしているだろう」など。

⑦ **いちだんらく**
区切りがついて片づくこと。
×「ひとだんらく」。

⑧ **ぶさいく**
見た目が美しくないという意味。

⑨ **こもんじょ**
昔のことが記された古い文書。
×「こぶんしょ」。

⑩ **きよみずやき**
京焼の一派。
×「しみずやき」。

⑪ **みそじ**
三十歳。「三十路にさしかかる」など。

⑫ **どさんこ**
もとは、北海道産の馬。比喩的に北海道生まれの人のこと。

⑬ **ごようたし**
宮中に納めることを認められた商人やその品。

⑭ **きんかんばん**
世間に堂々と掲げる立場や主張。「金看板を掲げる」など。

⑮ **ごりやく**
神や仏が人に与える利益のこと。
×「ごりえき」。

⑯ **みくだりはん**
夫が妻にわたす離縁状。
×「さんぎょうはん」。

⑰ **こまもの**
日用品や化粧品など、細々した品物。

⑱ **でぞめしき**
新年に行われる消防関係の仕事初めの式。

⑲ **おおじだい**
古くさいこと。大仰なこと。
×「だいじだい」。

⑳ **そうばなてき**
どんな人にも都合よくすること。

## 自信をもって読みたい小学校の漢字①

①兆し
②過ち
③全く
④辺り
⑤専ら
⑥半ば
⑦的外れ
⑧動もすると
⑨真っ向
⑩手応え
⑪なす術がない
⑫甲高い
⑬生え抜き
⑭直向き
⑮清々しい
⑯強か
⑰残り香
⑱栄えある
⑲夕映え
⑳気風がいい

①**きざし** 物事が起きることの前ぶれ。兆候。「ブームの兆し」など。

②**あやまち** まちがい。しくじり。過失。男女間の不倫。「一夜の過ち」「過ちを繰り返す」など。

③**まったく** すっかり。じつに。本当に。「全く君の言うとおりだ」「全くけしからん」など。

④**あたり** そのへんの場所。付近。「店は新宿辺りにある」「辺り構わず」など。

⑤**もっぱら** 主に。ひたすら。「専らの評判だ」「休日は専ら子供の相手です」など。

⑥**なかば** 物事が進んでいる途中。時期や場所のまん中。「作業が半ば終わる」「春も半ば」など。

⑦**まとはずれ** 肝心なところをはずしていること。

⑧**ややもすると** どうかすると、そうなりそうだという意。

⑨**まっこう** 真正面のこと。「真向かい」は「まむかい」。

⑩**てごたえ** 働きかけたときに返ってくる反応。

⑪**なすすべがない** どうしようもなく困り果てている状態。

⑫**かんだかい** 声や音の調子が、高くするどい。「甲高い声」など。

⑬**はえぬき** 組織に最初から属して、現在に至っている人。

⑭**ひたむき** 物事に熱中するさま。「直向きに働く」など。

⑮**すがすがしい** 爽やかで気持ちがいいこと。「清々しい季節」など。

⑯**したたか** 強くてしぶといさま。「強かな交渉力」など。

⑰**のこりが** 人が去った後も残る匂いのこと。

⑱**はえある** 名誉ある。「栄えある優勝」など。

⑲**ゆうばえ** 夕日に照らされて物が美しく見えること。

⑳**きっぷがいい** 気前・気性がよいこと。「気風がいい女将」など。

## 自信をもって読みたい小学校の漢字②

① 頂

② 鋼

③ 一朝一夕

④ 火傷

⑤ 所作

⑥ 手綱

⑦ 健気

⑧ 成敗

⑨ 礼賛

⑩ 産声

⑪ 月極

⑫ 読経

⑬ 参内

⑭ 静脈

⑮ 生一本

⑯ 十二単

⑰ 案山子

⑱ 三和土

⑲ 夏至

⑳ 祝言

① **いただき**
もののいちばん高いところ。山頂。「塔の頂から見わたす」など。

② **はがね**
鋼鉄のこと。強靭さも意味する。「鋼の肉体」「鋼のように強い」など。

③ **いっちょういっせき**
わずかな期間のこと。簡単なこと。「一朝一夕には変えられない」など。

④ **やけど**
火や熱湯に皮膚がふれ、焼けただれた傷。

⑤ **しょさ**
振る舞いのこと。「美しい所作」など。
×「しょさく」。

⑥ **たづな**
馬に乗るために轡（くつわ）につける綱。「手綱をとる」など。
×「てづな」。

⑦ **けなげ**
心がけや態度がよいこと。「健気な子供」など。

⑧ **せいばい**
罪人などを処罰すること。「悪を成敗する」など。

⑨ **らいさん**
ほめたたえること。
×「れいさん」

⑩ **うぶごえ**
子供が生まれて初めてあげる声。

⑪ **つきぎめ**
決められた月額で契約すること。
×「げっきょく」。

⑫ **どきょう**
声を出してお経を読むこと。
×「どっきょう」。

⑬ **さんだい**
皇居に参上すること。
×「さんない」。

⑭ **じょうみゃく**
毛細血管から血液を心臓へと運ぶ血管。「静脈注射」など。

⑮ **きいっぽん**
混じりけがなく純粋なこと。
×「なまいっぽん」。

⑯ **じゅうにひとえ**
平安時代の女官・女房の装束。

⑰ **かかし**
田畑に立ててカラスをおどすワラ人形。

⑱ **たたき**
日本家屋の土間。

⑲ **げし**
昼が最も長く、夜が最も短い日。反対は「冬至」。

⑳ **しゅうげん**
もとは祝いの言葉。結婚式という意も。

## それなりに手強い小学校の漢字①

① 極寒
② 減反
③ 竹刀
④ 労役
⑤ 玄人
⑥ 十指
⑦ 福音
⑧ 幸先
⑨ 白夜
⑩ 非力
⑪ 客死
⑫ 門跡
⑬ 反物
⑭ 納戸
⑮ 脚気
⑯ 身銭
⑰ 土師器
⑱ 読点
⑲ 長広舌
⑳ 河岸

①**ごっかん**
ひじょうに寒いこと。「極寒の地」など。×「きょっかん」。

②**げんたん**
田の作付面積を減らすこと。×「げんはん」。

③**しない**
剣道でつかう竹製の刀。

④**ろうえき**
体を使ってする仕事。「労役に服する」など。

⑤**くろうと**
その道に熟達した専門家。「玄人裸足」など。

⑥**じっし**
十本の指。「十指に余る」など。×「じゅっし」

⑦**ふくいん**
よい知らせ。×「ふくおん」。

⑧**さいさき**
いいことが起こる兆し。「幸先がいい」など。なお、「幸先が悪い」という言葉はない。

⑨**びゃくや**
高緯度地域でみられる夜でも明るい空。「はくや」とも読む。

⑩**ひりき**
腕力や能力など、力が弱いこと。「非力な総理」など。

⑪**かくし**
旅の途中で死ぬこと。×「きゃくし」

⑫**もんぜき**
皇族や貴族が出家して暮らした寺院。

⑬**たんもの**
着物をつくるのに必要な分量（＝一反）に仕上げた織物。

⑭**なんど**
ふだん使わない物を収納しておく部屋。

⑮**かっけ**
末梢神経の麻痺を引き起こす病気。ビタミン$B_1$の欠乏によって起きる。

⑯**みぜに**
自分のお金のこと。「身銭を切る」など。

⑰**はじき**
古墳時代以後の素焼きの赤褐色をした土器。

⑱**とうてん**
文中に入れる「、」の記号。なお「。」は句点。

⑲**ちょうこうぜつ**
えんえんと話しつづけること。「長広舌をふるう」など。

⑳**かし**
海や川のそばの岸。魚河岸（魚市場）の略。

## それなりに手強い小学校の漢字②

| ① | ⑤ | ⑨ | ⑬ | ⑰ |
|---|---|---|---|---|
| 興ずる | 諭す | 紛れる | 根を詰める | 解せない |

| ② | ⑥ | ⑩ | ⑭ | ⑱ |
|---|---|---|---|---|
| 伴う | 長ける | 真に受ける | 身を粉にする | 角が立つ |

| ③ | ⑦ | ⑪ | ⑮ | ⑲ |
|---|---|---|---|---|
| 質す | 牛耳る | 真に迫る | 相半ばする | 管を巻く |

| ④ | ⑧ | ⑫ | ⑯ | ⑳ |
|---|---|---|---|---|
| 利く | 頭が高い | 音を上げる | 称える | 競る |

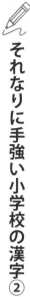

① **きょうずる**
面白がって楽しむこと。
×「こうずる」。

② **ともなう**
一緒に連れ立つこと。「妻を伴う」「危険を伴う」など。

③ **ただす**
質問して確かめること。「真偽を質す」など。

④ **きく**
しっかりとした働きをすること。「鼻が利く」「小才が利く」など。

⑤ **さとす**
わかるように教え、言い聞かせること。「懇々と諭す」など。

⑥ **たける**
すぐれている。「人事に長けた経営者」など。

⑦ **ぎゅうじる**
組織を仕切ること。「組織を牛耳る」など。

⑧ **ずがたかい**
目上の人に対する横柄な態度。
×「あたまが高い」。

⑨ **まぎれる**
混じり合って見分けがつかなくなる。「どさくさに紛れる」など。

⑩ **まにうける**
本当だと思うこと。「人の話を真に受ける」など。
×「しん」。

⑪ **しんにせまる**
リアルに見えるさま。「真に迫る演技」など。
×「ま」。

⑫ **ねをあげる**
意気地のない言葉を吐くこと。
×「おと」。

⑬ **こんをつめる**
休みもせず働き続けるさま。「根をつめて働く」など。
×「ね」

⑭ **みをこにする**
体を使って懸命に働くこと。

⑮ **あいなかばする**
二つのものが同じぐらいであるさま。

⑯ **たたえる**
立派だとほめること。「讃える」とも書く。

⑰ **げせない**
理解できない。納得いかない。
×「かいせない」。

⑱ **かどがたつ**
事がもつれて面倒になるさま。

⑲ **くだをまく**
酔っ払って、くだらない話を繰り返すこと。

⑳ **せる**
勝つために競い合うこと。

## じつは意外に手強い小学校の漢字①

① 建立
② 反故
③ 柔和
④ 雑魚
⑤ 山車
⑥ 小豆
⑦ 師走
⑧ 言質
⑨ 氷柱
⑩ 血眼
⑪ 総帥
⑫ 久遠
⑬ 童歌
⑭ 出汁
⑮ 無下
⑯ 湖沼
⑰ 接木
⑱ 異名
⑲ 口伝
⑳ 氷室

①**こんりゅう**
寺院などを建てること。

②**ほご**
役に立たなくなったもの。「約束を反故にする」など。

③**にゅうわ**
やさしくおとなしいさま。「柔和な表情」など。×「じゅうわ」。

④**ざこ**
いろいろな種類の小魚。「雑魚寝」など。

⑤**だし**
華やかに飾った祭事用の車。

⑥**あずき**
えんじ色の豆。餡などの材料になる。

⑦**しわす**
十二月の別の言い方。

⑧**げんち**
あとで証拠となる言葉。「言質をとる」など。×「げんしち」。

⑨**つらら**
軒先などに棒状にたれさがった氷。

⑩**ちまなこ**
血走らせている目。「血眼になって探す」など。

⑪**そうすい**
全軍を率いる総大将。企業グループなど、大きな組織を束ねる人。

⑫**くおん**
かなり遠いという意。「久遠の理想」など。

⑬**わらべうた**
子供（＝童）の間で歌われてきた歌。

⑭**だし**
鰹節を煮出してとった旨味のこと。×「でじる」。

⑮**むげ**
劣っていること。どうしようもないこと。「無下に扱う」など。

⑯**こしょう**
湖と沼の総称。

⑰**つぎき**
木の枝や芽を他の植物の幹につぎ合わせること。

⑱**いみょう**
あだ名や別名のこと。

⑲**くでん**
奥義を口で教え、伝えること。なお、「口伝て」は「くちづて」と読む。

⑳**ひむろ**
氷を貯蔵しておくところ。

## じつは意外に手強い小学校の漢字②

①一丸

②好事家

③今生

④行灯

⑤独楽

⑥双六

⑦正札

⑧店賃

⑨塩梅

⑩物故

⑪市井

⑫悪食

⑬評定

⑭流罪

⑮陽炎

⑯白湯

⑰産湯

⑱必定

⑲安穏

⑳素読

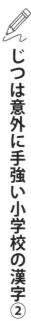

①いちがん
一つにかたまること。「一丸となって戦う」など。

②こうずか
風流なことを好む人。

③こんじょう
この世のこと。「今生の別れ」など。

④あんどん
中に油入りの皿を入れて火を灯す照明用の道具。

⑤こま
軸を中心に回して遊ぶおもちゃ。

⑥すごろく
サイコロをふり、上がりに向けてコマを進める遊び。

⑦しょうふだ
掛け値なしの値段を書いた札。「正札販売」など。

⑧たなちん
家賃のこと。「店賃が滞る」など。×「みせちん」。

⑨あんばい
味かげんのこと。

⑩ぶっこ
人が亡くなること。「物故者」など。

⑪しせい
人が多く住んでいるところ。「市井の人々」など。

⑫あくじき
ゲテモノ食いのこと。×「あくしょく」。

⑬ひょうじょう
人々が集まり、相談して決めること。「小田原評定」など。

⑭るざい
罪を犯した者を離島などに流す刑。なお「流刑」は「りゅうけい」。

⑮かげろう
温まった空気がゆらゆら立ちのぼるさま。

⑯さゆ
お湯のこと。「はくとう」とも読む。

⑰うぶゆ
生まれた赤ん坊を初めて入浴させること。「産湯を使う」など。

⑱ひつじょう
そうなると決まっていること。

⑲あんのん
ゆったりして穏やかなさま。「安穏な暮らし」など。×「あんおん」

⑳そどく
声を出して文章を読むこと。「漢文を素読する」など。

## その漢字、大人なら書けて当然です①

八百屋を**イトナ**む。

市民を**タイショウ**としたイベント。

リサイタルに**ショウタイ**される。

飲み会の**ヨクジツ**は胃もたれする。

安全**ソウチ**を取り付ける。

災害**フッキュウ**のための工事。

**ホウフ**な品ぞろえ。

目標を**タッセイ**する。

みなりを**トトノ**える。

**ユダン**大敵。

心が**アラ**われる気分だ。

作品の**ヒヒョウ**を依頼された。

隣の**ヨウス**をうかがう。

**ヒゲキ**的な結末をむかえる。

| | |
|---|---|
| 営 | 「法要を営む」など、神事・仏事にも用いる。 |
| 対象 | 「対照」「対称」と間違えないように。 |
| 招待 | 「昭」「沼」など似ている漢字に注意。 |
| 翌日 | なお、「翌年」は、ヨクネンともヨクトシとも読む。 |
| 装置 | 製鉄業、機械工業など、大型の装置を用いる産業を「装置産業」という。 |
| 復旧 | 同じ音のフクには「複」「腹」のように似た漢字があるので区別すること。 |
| 豊富 | 「ゆたかにとむ」と覚えるとよい。「抱負」と混同しないように。 |
| 達成 | 「達」のつくりを「幸」と書かないように注意しよう。 |
| 整 | 「味をととのえる」「商談をととのえる」などは「調える」を用いる。 |
| 油断 | 王が「油をこぼしたら命を断つ」と言ったことから生まれたという説も。 |
| 洗 | 「洗」は、調べる、詮索するという意味もある。「身許を洗う」など。 |
| 批評 | 「比評」と書かないように。 |
| 様子 | 「子」を「す」と読むことを頭に入れておこう。 |
| 悲劇 | 「劇」を「激」や「檄」と書き間違えないように。 |

## その漢字、大人なら書けて当然です②

| | |
|---|---|
| リーダーシップを**ハッキ**する。 | 子供の豊かな**ソウゾウ**力。 |
| 来週は**ツゴウ**が悪い。 | 組織を**ヒキ**いる若手社長。 |
| **キキ**一髪、難を逃れた。 | ビジネスを成功へと**ミチビ**く。 |
| カメラがとらえた生命の**シンピ**。 | **イサギヨ**く腹を切れ。 |
| 鳥類の**ブンプ**を調べる。 | 親としての**ギム**を果たす。 |
| 思う存分、ご意見を**ノ**べてください。 | 毎日を**スコ**やかに過ごす知恵。 |
| より**ゲンミツ**に分類する。 | **ソッチョク**な意見。 |

| | |
|---|---|
| 発揮 | 「キ」は、「指揮者」と同じ漢字。 |
| 都合 | この都は「すべて」の意。そこから「合計、ひっくるめて」の意味も。 |
| 危機 | 「危惧」「危険」「危害」など、「危」を用いた熟語は多い。 |
| 神秘 | 秘のつくりは「必」。心と間違えないように。 |
| 分布 | 布を「ぷ」と読むためか、意外に覚えにくい熟語のひとつ。 |
| 述 | 「陳べる」とも書くが、一般的には「述べる」でよい。 |
| 厳密 | 「密」を「蜜」と書いたり、うかんむりの下の「必」を「心」とする間違いが多い。 |
| 想像 | 「創造」と間違えやすいので、注意。 |
| 率 | 「卒」と書くのはよく見かける間違い。 |
| 導 | 指導、導入など、頻繁に用いる漢字。しっかり覚えておこう。 |
| 潔 | 音読みでは「けつ」。潔癖、清潔、不潔など正しく書けるようにしておこう。 |
| 義務 | 「儀」や「議」と間違えないように。 |
| 健 | 「スコやか」のほか、ケン、タケシ（人名）とも読む。 |
| 率直 | 率と卒を混同する人は少なくない。「卒直」とも書く。 |

## 小学生のときは書けたハズの漢字①

| | |
|---|---|
| **ケントウ**会を開く。 | **タンジョウ**の瞬間を見守る。 |
| 日照時間が**ノ**びる。 | 曖昧な**タイド**。 |
| **シンソウ**究明に全力をあげる。 | **イト**的にごまかす。 |
| お客様の声を**ハンエイ**した取り組み。 | **カイホウ**された被害者が語った犯人像。 |
| ほめられて**ウチョウテン**になる。 | 新商品の**バイバイ**契約を結ぶ。 |
| 知らずに**リョウイキ**を侵す。 | 行動を厳しく**キセイ**される。 |
| **ムザン**な仕打ち。 | 利便性を**ツイキュウ**した商品。 |

| | |
|---|---|
| **検討** | 同音異義語の「見当」と間違えないように。 |
| **延** | 同音異字の「伸びる」と使い分けを間違えないように。 |
| **真相** | 「深層」と間違えないように。 |
| **反映** | 「反影」と間違えないように。反影は、ものにうつる影。 |
| **有頂天** | 「有頂点」と書くのはよく見かける間違い。 |
| **領域** | 「域」のつくり、「或」を曖昧に覚えている人が多い。 |
| **無残** | 「無惨」とも書く。 |
| **誕生** | つくりの「延」をしっかり書けるようにしておこう。 |
| **態度** | 動物の「熊」と間違えないように。 |
| **意図** | 企図、版図など、「図」を「ト」と読む熟語は意外に多い。 |
| **解放** | 同音異義語の「開放」と書くのは、よく見る間違い。 |
| **売買** | 売・買ともに「バイ」と読むため、「買売」と間違えやすい。 |
| **規制** | うっかり「既制」と書かないように注意。同音意義語は「既成」。 |
| **追求** | 追求は目的のものを追い求めること。「追及」「追究」と区別して使うこと。 |

## 小学生のときは書けたハズの漢字②

- 便秘に**キ**くと評判のお茶。
- **ケントウ**はずれの主張。
- **ショウガイ**のある恋ほど燃え上がる。
- **シュノウ**陣交代が発表された。
- 学校の**コウドウ**に設けられた投票所。
- コンテストの優勝**コウホ**。
- **ヨキ**せぬトラブルが起こる。
- 銀行に**ツト**める。
- 今時、**カンシン**な若者だ。
- **ホショウ**書を紛失してしまった。
- 髪を**ムゾウサ**にかきあげる。
- **ケンアク**な雰囲気。
- **カイテキ**な暮らしをサポートする。
- 「止まれ」の**ヒョウシキ**が目印。

| | |
|---|---|
| 効 | 通常、薬の効果をいう場合は「効く」。機転がキク場合は「利く」。 |
| 見当 | 見込み、予想のこと。「検討」と混同しないように。 |
| 障害 | 「障害」はさまたげ、邪魔の意。「傷害」は傷つけ、そこなうこと。 |
| 首脳 | 集団や組織の中心、中心人物の意。「主脳」と区別すること。 |
| 講堂 | 寺院で説教をしたり、学校で儀式や講演をする場。 |
| 候補 | 補と捕を混同して、「候捕」と書かないように。 |
| 予期 | 「予め」は「あらかじめ」と読む。類語に「予測」「予見」など。 |
| 勤 | 「務める」と間違えないように。 |
| 感心 | 「関心」「歓心」と区別すること。なお「歓心」は嬉しいと思う心。 |
| 保証 | 「補償」「保障」と書かないように。 |
| 無造作 | ゾウサは「雑作」とも書く。ただし「無雑作」とは書かないので注意。 |
| 険悪 | この険を「剣」と書かないように。 |
| 快適 | 「適」の同音異字に「敵」「滴」「摘」があるので、間違えないように。 |
| 標識 | 「シキ」には「識」「職」「織」などの同音異字があるので、注意。 |

## 書けそうなのに書けない大人の漢字①

- さらに高度な技術を**オサ**める。
- 生活のリズムを**キザ**む体内時計。
- 構造を比較**タイショウ**する。
- 迷子を**ホゴ**する。
- **エシャク**して通りすぎる。
- **オゴソ**かな雰囲気に包まれる。
- 大仏の**シュウフク**にたずさわる。
- **アツ**い友情に感謝する。
- 新人に現場を**マカ**せる。
- 感想を**カンケツ**にまとめよ。
- 一人でやり遂げるのは**シナン**の業だ。
- **ジュクレン**の技を披露する。
- 悪しき慣習を**アラタ**める。
- ひとつ**ヨケイ**に買う。

| | |
|---|---|
| 修 | 同訓異字に「納める・収める・治める」があるので、区別すること。 |
| 刻 | 「とき」を表す意味と、「彫刻」「刻印」など「刻む」の意がある漢字。 |
| 対照 | 「対象」と混同している人が多いので注意。 |
| 保護 | 「護」はまもるの意。看護、援護など、さまざまな熟語に使われる。 |
| 会釈 | 「会尺」と書かないように。カイシャクという読み違いもよく見かける。 |
| 厳 | 「厳しい」だとキビしいと読む。「厳守」「厳選」など熟語も多い漢字。 |
| 修復 | 修のへんは、ぎょうにんべんではなく、にんべん。 |
| 厚 | 「熱い」と間違えないように。 |
| 任 | 「委せる」とも書く場合がある。「経営を委せる」など。 |
| 簡潔 | 読めても書けない熟語のひとつ。「潔」を正確に書けるようにしておきたい。 |
| 至難 | パソコンでは「指南」を選び間違えないように。 |
| 熟練 | 「塾」と書いてしまうのは、よく見かける間違い。 |
| 改 | 「検める」と使い分けられるように。なお「改竄」は「かいざん」と読む。 |
| 余計 | 「余」のやねの中を「示」としないように。 |

## 書けそうなのに書けない大人の漢字②

輸入家具の**センモン**店。

水玉**モヨウ**のスカーフ。

**ソンチョウ**すべき意見。

昆虫**サイシュウ**に出かける。

清廉**ケッパク**な人物。

いつも笑顔で**ホガ**らかな人。

**ソウサク**活動に没頭する。

数種類の**コクモツ**をブレンドした米。

昆虫の成長**カテイ**を観察する。

脅迫**カンネン**にとらわれる。

晩酌といえば、最近は**モッパ**ら発泡酒だ。

**スイソク**が当たった。

業務に**シショウ**が出る。

あの店は**メイロウ**会計だ。

| | |
|---|---|
| 専門 | 「専問」はよく見かける間違い。 |
| 模様 | 「摸」と似ているので、混同しないように。 |
| 尊重 | 似た漢字に「遵」がある。「法の遵守」を「尊守」と間違えないように。 |
| 採集 | 採取して集めること。「採取」は目的に必要なものを選びとること。 |
| 潔白 | 四字熟語「清廉潔白」を正しく書けるようにしておこう。 |
| 朗 | 「郎」と書き間違えないように。 |
| 創作 | 音楽・文学などの芸術を独創的に創り出すこと。「つくりごと」の意も。 |
| 穀物 | 似た漢字の「殻」と混同しないように。 |
| 過程 | 「仮定」「課程」と間違わないように。 |
| 観念 | 類語の「概念」と混同して使わないように。 |
| 専 | ひたすら、主にの意。 |
| 推測 | 「推側」と書かないように。 |
| 支障 | 「障」はさえぎる、さわる、防ぐという意味。「故障」も書けるように。 |
| 明朗 | 「朗」を「郎」と書くのは、よく見かける間違い。 |

## 書けそうなのに書けない大人の漢字③

- 人工**エイセイ**が地上に落下する。
- 優勝パレードの大**カンセイ**。
- デザインを**サッシン**する。
- **セイミツ**なタッチ描く。
- 青々とした田が**サイゲン**なく続く。
- **ソウジュウ**を誤って墜落した。
- **ショヨウ**の条件をクリアする。
- 事態を**シュウシュウ**する。
- 列島を**ジュウダン**する巨大台風。
- **トロウ**感に苛まれる。
- 植物の苗を**イショク**する。
- **ビンジョウ**値上げを許すな。
- **ドクソウテキ**な発想。
- **カンキ**の声に包まれるスタジアム。

| | |
|---|---|
| **衛星** | 同音異義語の「衛生」と区別すること。 |
| **歓声** | 「驚き叫ぶ、わめく」場合には、「喚声」を使う。 |
| **刷新** | 意味は「弊害を除いて、まったく新しいものにすること」。 |
| **精密** | 精蜜と書かないように。「蜜」はハチミツのみつ。 |
| **際限** | 「際」を「祭」と書かないように注意。 |
| **操縦** | 「縦」には「たて」のほか、「ほしいままにする」という意味もある。 |
| **所要** | 「ショヨウで外出する」場合は「所用」と書く。正しく使いわけたい。 |
| **収拾** | 「収集」と間違えないように。 |
| **縦断** | タテに立ちきること。「縦断面」といえば、物体をタテに切った切り口。 |
| **徒労** | 徒の訓読みは「あだ」。労力があだ（無駄）になると覚えておこう。 |
| **移植** | とくに、動物や人間を対象とする場合は「移殖」とも書く。 |
| **便乗** | もとは、都合よく他人の便（車など）に相乗りすること。 |
| **独創的** | 「創」は一からはじめる、つくるという意。「作」「造」と区別したい。 |
| **歓喜** | 同音異義語に「感喜」がある。意味はほぼ同じ。一般的に「歓喜」を用いる。 |

# 2

# 「計算」のコツ、しっかり覚えていますか？――算数

【基本編】

## 分数のこと、胸を張って子供に説明できますか？

いまの小学校では、分数は小学3年生で初めて習う。分数は、一般に小数よりも感覚的に理解しやすいので、小数で失った算数への自信を分数で取り戻す子供もいると、教師の間ではいわれている。その一方で、分数でつまずく子供が多いのも事実だ。

その分数には、いろいろな種類がある。たとえば$\frac{1}{5}$、$\frac{1}{7}$のように、分子が1の分数は「単位分数」と呼ばれる。

また、分数には、$\frac{3}{5}$や$\frac{5}{7}$のように、1以外の正の整数を用いて表す分数もある。この$\frac{n}{m}$で、分子が分母より小さいとき、その分数を「真分数《しんぶんすう》」という。「真」という字が使われているのは、世界の多くの地域で、昔から分数が1より小さい数としてのみ扱われてきたからである。

これに対して、$\frac{5}{3}$、$\frac{11}{4}$のように、分子が分母と等しいか、大きい場合は、「仮分数《かぶんすう》」と呼ぶ。

また、仮分数$\frac{5}{3}$は、$\frac{3}{3}+\frac{2}{3}$であり、$\frac{3}{3}$は1なので、さらに$1\frac{2}{3}$と書ける。この$1\frac{2}{3}$のように整数と分数で表したものを「帯分数《たいぶんすう》」と呼ぶ。小学4年生になると、$\frac{11}{4}$を$2\frac{3}{4}$と直すように、仮分数を帯分数に直す方法を勉強する。

ちなみに、仮分数$\frac{41}{6}$を帯分数に直すと$6\frac{5}{6}$となる。見ていただくとわかる通り、帯分数$6\frac{5}{6}$は、数の大きさについては理解しやすいが、他の分数と加減乗除の計算をするときには面倒になる。それに対して、仮分数$\frac{41}{6}$は、計算はしやすいものの、パッと見ただけでは、数の大きさを理解しにくい。

## そもそも長さと長さをかけて、面積になるのはなぜ？

四角形の面積の求め方は、小学4年生で勉強する。ほとんどの子が、「縦の長さ×横の長さ」という公式を暗記し、その公式を使って問題を解くようになる。

だが、なかには、「長さと長さをかけて、なぜ面積になるの？」という疑問をもつ子供もいる。そんな疑問をもつと、たいていは、四角形の面積を求める問題が、スラスラとは解けなくなる。ところが、そういう子の方が、将来、数学の専門家になったり、研究者になるケースが多いといわれている。

さて、縦4センチ、横5センチの長方形があったとする。その面積は、もちろん4㎝×5㎝＝20㎠で求める。

そもそも、四角形の面積の求め方には、まず「1㎝×1㎝＝1㎠とする」という決まり事がある。それを前提に、「縦4センチ、横5センチの長方形」の場合、この1㎝の正方形がいくつあるかと考える。すると、縦に4個、横に5個あるので、1㎝×（4×5）という計算から、20㎠という答えが導かれるのである。

基本となる1平方ミリ、1平方センチ、1平方キロといった面積は、「単位面積」と呼ばれる。この考え方は、今から2300年も前、古代ギリシア時代の偉人アルキメデスによって研究された。四角形の面積を求める小学4年生の授業でも、1平方センチという単位面積がいくつあるかをイメージさせることで、「縦×横」という公式を説明することになっている。

ちなみに、縦4センチ、横5センチの面積を求める際、5×4と横×縦と計算すると、誤答とする小学校の教師もいる。子供が文句を言ったり、子供に聞いた親が、教師に抗議したりして、問題になることさえある。

数学にさほど興味のない人にとっては、縦×横でも、横×縦でもいいように思えるが、教師側の言い分としては、「公式で『縦×横』と決められているから」とか、「計算式まで他人に見せることを前提とするなら、誰もがわかりやすい『縦×横』で計算をしておくことが必要となる」などが挙げられ、スッキリ解決とはいかないようだ。

まあ、スパッと答えが出るはずの算数を学びつつも、世の中、割り切れないことが多いものだと、小学生のうちから知ることも、教育の一つなのじゃないかという教師もいる。

## 三角形の内角の和は本当に１８０度なのか

「三角形の内角の和は１８０度で不変」というのは、算数や数学の図形問題を解くのに欠かせない必須知識である。では、なぜ、どんな三角形も、角の角度をすべて足すと１８０度になるか、説明できるだろうか？

小学生向けには、折り紙で三角形を作る方法がよくとられている。三角形の三つの角をそれぞれちぎり、お互いにその先を組み合わせてみる。すると、三つの角が直線を構成するので、三つの内角の和は180度になると説明している。

## 〔 〕や｛ ｝を使った計算の順序を覚えていますか？

〔420÷｛143－（16－7）×12｝〕÷6

この計算問題を解けるだろうか。中学受験レベルの問題だが、解けるかどうかは、〔 〕や｛ ｝（ ）の扱いと、計算の順序を覚えているかどうかにかかっている。

そこで問題を解く前に、「計算の順序」についておさらいしておくと、まず、足し算と引き算だけ、あるいは掛け算と割り算だけの計算は、計算式の左から順番にする。たとえば、2＋3－4＋5－2なら、左から順番に計算して答えが4となるし、6÷3×8÷4÷2なら、やはり左から順番に計算して答えは2となる。

ただし、四則のまじった式では、掛け算と割り算を足し算や引き算より先に計算するという決まりになっている。たとえば、

6＋4×3－6÷2

という計算なら、先に「4×3＝12」と「6÷2＝3」の計算をして、「6＋（12）－（3）」となり、答えは15となる。

また、計算式の括弧は、（　）、｛　｝、［　］の順に内側からはずしていくという決まりになっている。これらは計算上のルールなので、覚えておくしかない。

こうした計算の順序に関する決まりを踏まえたうえで、冒頭の問題、

［420÷｛143－（16－7）×12｝］÷6

を見ると、最初に計算するのは、（　）内の（16－7）である。

つぎに｛　｝内に注目すると、｛143－（9）×12｝となる。次に9×12を計算して108。その次に、｛143－108｝を計算して、｛　｝内は35となる。

つぎに［　］内に注目すると、［420÷35］となるので、［　］内は12である。最後に12÷6を計算し、最終的な答えは2となる。

この手の問題は、計算の順序さえ間違えなければ、計算自体は簡単である。したがって、計算の順序をしっかり勉強をしてきた小学生にとっては、「おいしい問題」といえる。

逆にいえば、入試では、確実に正解しなければならない問題であり、取りこぼすと苦しくなる。

## 小学生なら知っている「鶴亀算」の解き方のコツ

「鶴と亀が合わせて11います。また、それらの足の総数は38です。鶴と亀は、それぞれ何匹（羽）いますか？」

という問題があれば、多くの人が連立方程式を使って解くだろう。

鶴の数を$x$、亀の数を$y$とすれば、$x+y=11$、$2x+4y=38$という連立方程式ができる。

$y=11-x$なので、$2x+4(11-x)=38$と書ける。これを計算すると、

$2x+44-4x=38$　$-2x=-6$　$x=3$

$y=11-3$なので、$y=8$

答えは、鶴3羽、亀8匹となる。

だが、小学生は、まだ方程式を習っていない。そこで、「11匹全部が亀だと考えると」という仮の計算をする。すると、亀の足は4本×11で44本となるが、足の総数は38とされていた。仮の計算では、足が6本多くなる。

これは、すべて亀とみなしたために多くなった足の数である。鶴の足は2本なのに、4本として計算していたため、本来の鶴の数からは2本ずつ多くなっている。そこで、6÷2の計算をすると3であることから、鶴の数は3羽であることがわかる。鶴と亀を合わせて11なので、亀の数は8匹となる。

このように、2種類の動物の1匹あたりの足の数と、全部で何匹いるかという頭数および、わかっている足の総数から、それぞれ何匹いるかを求めるような問題を「鶴亀算」という。

もともと、鶴亀算の原型は、4世紀の古代中国で書かれた『孫子算経』という本に出てくる。「孫子」といっても、兵法の孫子とは別人だが、そこではキジとウサギが登場していた。この本が日本へ伝わり、江戸時代になると、このキジとウサギが、日本でめでたさの象徴とされる鶴と亀に置き換えられて広まったのである。

むろん、〝動物〟以外への応用も可能で、たとえば、大人と子供合わせて7人がバスに乗ったら、バス料金が全部で1100円でした。料金は大人が200円で、子供が100円です。大人と子供はそれぞれ何人ずつでしょうという問題でも、7人全部が子供と考えると、総料金は700円となる。じっさいの料金より400円少なくなり、大人と子供の料金の差は100円なので、400÷100をすると4となり、大人の数は4人とわかる。

そこから、子供の数は7－4で3人となる。

## 小学生なら知っている「年齢算」の解き方のコツ

「あんたとこ、奥さんとは何歳差やねん？」

「ええと、結婚したときは、嫁はんが3歳下でピチピチやったけど、今は、歳、追い抜かれた」

関西のおっちゃんが言いそうな冗談だが、年齢は、何年経っても差が一定である。年齢のように差がつねに一定のとき、その差と割合（倍数）の関係を使って解く問題を「年齢算」という。

「父は40歳で、子が10歳なら、父の年齢が子の年齢の2倍になるのは、何年後ですか？」

このような問題のとき、単純に年齢を書いていくという方法もある。

父親は40、41、42、43、44、45……55、56、57、58、59、60
子供は10、11、12、13、14、15……25、26、27、28、29、30

すると、父の年齢が子の年齢の2倍になるのは、父が60歳、子が30歳のときで、いまから20年後だとわかる。

ただし、実際に書いていくのは、数が大きくなると大変なので、つぎのように考えることもできる。

父の年齢と子の年齢の差は、30歳で一定である。また、父の年齢が子の年齢の2倍になったとき、子供の年齢を1とすると、父の年齢は2である。ということは、その割合の差が年齢差30歳となるから、子30歳、父60歳のとき、ちょうど年齢が2倍になる。よって、答えが20年後となると説明することもできる。

また、答えをXとして方程式をたてると、$40+x=(10+x)\times 2$となる。

これを計算して、$40+x=20+2x$　$2x-x=40-20$　$x=20$となる。

## 小学生なら知っている「仕事算」の解き方のコツ

「一郎くんは、部屋の掃除をするのに3時間かかる。二郎くんは、同じ部屋の掃除をするのに2時間かかる。一郎くんと二郎くんが、一緒に掃除をすると、どれだけの時間で終わらせることができるか？」

このような問題を「仕事算」と呼ぶ。

このような問題では、まず、一郎くんの1時間あたりの仕事量を1とする。すると、全体の仕事量は1×3時間で3となる。また、二郎君の1時間あたりの仕事量は、仕事量3÷2時間で1・5となる。これにより、2人が一緒に掃除した場合、1時間あたりの仕事量は1＋1・5で2・5となる。

3の掃除をするのに要する時間は、3÷2・5で1・2となり、答えは1時間12分となる。

また、つぎのような問題も、仕事算で解ける。

「ある事務の仕事をするのに、前田さんは12日間、大島さんは15日間かかります。最初の5日間は2人でしていましたが、その後は、ジャンケンで負けた前田さんが一人でしました。前田さんは、合わせて何日間、この事務仕事をしましたか？」

この問題の場合、全体の仕事量を12と15の最小公倍数60で求めるほうが簡単に計算できる。すると、前田さんは1日で5、大島さんは1日で4の量をこなす。2人で一緒にすると、1日に9の仕事量ができるので、5日間で45が終わることになる。残りの仕事量は15

で、ジャンケンに負けた前田さんが１人でこなすと、15÷５で３日かかる。よって、前田さんは大島さんと２人でした５日と３日を足し、８日間仕事をしたことになる。

また、全体の$\frac{1}{15}$の仕事量を１として考えると、前田さんは１日で全体の$\frac{1}{12}$、大島さんは１日で全体の$\frac{1}{15}$の仕事ができる。２人では$\frac{1}{12}$と$\frac{1}{15}$で$\frac{3}{20}$できるので、５日間では$\frac{15}{20}=\frac{3}{4}$が終わる。残り$\frac{1}{4}$の仕事を１日あたり$\frac{1}{12}$の仕事量ですると、$\frac{1}{4}\div\frac{1}{12}=$３日となり、前田さんは全体で８日間仕事をすることになる。

## 小学生なら知っている「相当算」の解き方のコツ

「翔君は、持っていたお金の$\frac{3}{5}$を使って、６００円の本を買うことができました。翔君は、初めに何円持っていたでしょう？」

初めに持っていたお金を１とすると、その６割が６００円にあたる。ということは、10割＝１０００円ということで、最初に持っていたのは１０００円ということになる。

このように、ある割合と、これに相当する金額（または量）がわかっているとき、その数から全体の金額（１にあたる量）を求める問題を「相当算」という。相当算は、全体の金額（または量）を1ではなく、xとする方程式を立てれば、もっと簡単に解けるが、小学生は方程式を習わないので、この計算法を使う。

　では、こんな問題だと、どのように解けるだろうか。

「将大君と佑樹君は、5対3の割合でお小遣いをもっていました。将大君が700円の朝カレーを食べたので、その割合が6対5になりました。2人は、最初にいくら持っていたでしょう？」

　考え方としては、まず、何も買っていない佑樹君が、最初に持っていたお金を1とすると、将大君が最初に持っていた額の割合は$\frac{5}{3}$となる。また、将大君がカレーを食べた後の所持金の割合は$\frac{6}{5}$となる。最初の額の割合から$\frac{6}{5}$を引くと、使った700円となることから、$\frac{25}{15}-\frac{18}{15}$、すなわち$\frac{7}{15}$が700円となる。そこから佑樹君の最初の所持金は1500円となる。そして、1500×$\frac{5}{3}$で、将大君の最初の所持金は、2500円となる。

【発展編】

## 簡単に暗算できる方法を知っていますか？①——偶数×5の倍数

駅のホームにいたら、背の高い外国人男性が近づいてきて、何か言おうとしている。もう、それだけでパニックになって、頭の中で「英語ダメ」という言葉がグルグル回り、何を言っているのかさっぱりわからない。必死で首を振った後、その男性が、隣にいた女性に話しかける声を聞くと、ホームの床を指さしながら、「ゴーイング　キョート、ＯＫ？」と尋ねているだけだった。

暗算というのも、意外に、このエピソードに似ている。「暗算をしてください」と言われると、計算の苦手な人は、頭から「絶対ムリ」と思ってしまうが、落ち着いて暗算のコツを聞いてみると、けっこう簡単だったりする。

たとえば、26×35。

この計算を暗算しろと言われても、「えーと、ロクゴ30だから」と考えていると、だれでも時間がかかってしまう。

しかし、この計算が「偶数×5の倍数」ということに気づけば、暗算は格段に速くなる。26×35は、13×2×35と分けられるので、2×35を先にして13×70となる。つぎに、13×70を計算すれば、910という答えが出てくる。

26×45も、13×2×45と分けられるので、13×90となり、1170という答えがパッと出てくる。

これらの計算の場合、2×（5の倍数）は、必ず1の位が「0」になるため、暗算はたやすい。慣れてくれば、だれでも楽に暗算ができるようになるはずだ。

## 簡単に暗算できる方法を知っていますか？②——十和一等

「十和一等」と言っても、どこかの珍名さんや、どこかの団体のスローガンではない。暗算をスピーディーにするコツの一つである。

たとえば、62×42の計算をすることになったとする。

「十和一等」の「十和」は、この62×42のように、掛け算をする2桁の位の和が10であることを示す。「一等」は、62×42のように、かけ算をする2数の1の位が等しいことを示す。

そして、この「十和一等」の条件を満たすかけ算は、つぎのような方法で行えば、アッという間に正解を出すことができる。

**①10の位同士のかけ算をして、そこに1の位の数を足す。**

62×42の場合、6×4＋2＝26となる。

**②1の位同士のかけ算をする。答えが1桁の場合は頭に0をつけて2桁にする。**

62×42の場合、2×2＝04となる

**③これらの2つの数をくっつけたものが答え。**

よって、62×42の答えは、2604となる。

たとえば、21×81は、2×8＋1＝17、1×1＝01で、答えは1701となり、36×76は、3×7＋6＝27、6×6＝36で、答えは2736となる。初めて見た人には、少しややこしいかもしれないが、慣れれば、自分でも驚くくらい計算が速くなる。

また、以前話題になったインド式計算法には、「十等一和」という方法がある。36×34のように、10の位同士が同じ数で、1の位同士を足した数が10となるかけ算を解くコツである。インド式では、2桁ずつを「―」線で区切り、この問題は、(10の位の数字)×(10の位の数字+1)―1の位の数字×1の位の数字と書く。36×34の場合、3×4―6×4となり、答えは1224である。

他にも、62×68は、6×7―2×8で、答えは4216。71×79は、7×8―1×9で、答えは5609となる。

## 簡単に暗算できる方法を知っていますか？③――順序入れ替え

「数学とは、いかなる学問か？」――そう問われて、「私は『いかに怠け者になるかを競う学問』と答えます」と話す予備校の数学教師がいた。

その主張には一理はある。じっさい、暗算をいかに速く行うかを考えることは、計算をいかに簡単に楽に、つまり怠け者となるかを考えることでもあるからだ。たとえば、かけ算の順序を入れ替えるという方法も、いかに怠け者になるかという発想から生まれたコツといえる。

13×28×25

この計算が、10秒以内にできるだろうか？

「まず、13×28は…」なんて考えていると、10秒以内には無理だろう。ところが、頭から順番に計算するより、計算しやすいものから計算していけば、ずいぶん速くなる。

13×28×25なら、たとえば、13×７×４×25に分けられる。すると、13×７は91で、４×25は１００。よって答えは９１００となる。

問題を見た瞬間、28が４の倍数であり、４と25をかけると１００になることに気づけば、あとは楽に計算できる。この方法を使うと、桁数がより多い計算も暗算が可能になる。

たとえば、１２５×29×１６０なら、５×25×29×４×40とし、順序を入れ替えれば、５×４×29×25×40となる。20×29×１０００から、答えは５８００００となる。

## １＋２＋３＋…＋１００の答えを一瞬で出す方法

18世紀のドイツに、カール・フリードリヒ・ガウスという少年がいた。彼が10歳のとき、学校の先生が教室を離れる用事があったので、黒板に1＋2＋3＋……98＋99＋100と書いて、生徒にこの問題を解くようにと命じた。

10歳といえば、現在の日本では小学4年か、5年生なので、先生は答えを出すまでかなり時間がかかるだろうと思ったが、ガウス少年は、なんと先生が教室を出る前に答えを出した。

驚いた先生が、ガウス少年に「どのように計算したの？」と尋ねると、彼は「（1＋100）＋（2＋99）＋（3＋98）……（98＋3）＋（99＋2）＋（100＋1）とすれば、101が100個できます。だけど、同じ式を2回ずつ使っているので、10100を2で割ると、答えは5050になります」と答えた。

先生は、それ以後、ガウス少年に教えることは何もないと考え、レベルの高い数学の本を渡して、「自分で勉強してごらん」と言ったという。

このガウス少年こそ、近代数学のほとんどの分野に影響を与えたとされる数学者にして天文学者、物理学者のガウスである。コンパスと定規だけで正十七面体を作図できることを証明したり、代数学の基礎定理を証明したり、微分幾何学を創始したり、ガウス平面（複素数平面）を考えついた。

ガウスは、乳児のころから、誰も教えないのに、しぜんに計算ができたと伝えられている。３歳のとき、石屋を営む父親が、職人に払う給料の計算をしていたら、それを横で見ていて、間違いを指摘したという話が伝わっている。

## 世界最古の「文章題」はどんなものだった？

「１００個のパンを10人に分けるのに、50個は６人で等分し、残りの50個は４人で等分するとき、分け前の差はいくらか？」

この問題を解くと、50個のパンを６人で等分しようとすると、まず１人あたり８個のパンを与えることができる。そして、まだ２個余っているので、それを６人で等分すると、１人あたり$\frac{1}{3}$ずつになる。つまり、１人分は８個と$\frac{1}{3}$となる。

一方、50個を４人で等分すると、同様に計算して12個と$\frac{1}{2}$ずつになる。両者の分け前の差は、$12\frac{1}{2}-8\frac{1}{3}$で求めることができ、答えは４個と少しとなる。

冒頭の問題は、現在のところ、世界最古の文章題の一つとされ、いまから約４０００年前の古代エジプトの数学書『アーメス・パピルス』に書かれているものだ。当時の僧侶アーメスによってパピルスに書かれたもので、現在はイギリスの大英博物館のエジプト部屋に展示されている。

この『アーメス・パピルス』は、長さ5・5メートル、幅33センチの巻紙状で、第1章の第1～3節が分数の表と計算。第4～6節が分数の練習問題、第7～8節が分数や級数の文章題。さらに、第2章が図形の面積、体積の文章題で、第3章が「雑題」というタイトルの文章題という構成になっている。

冒頭の問題は、分数や級数の文章題に収録された問題である。これ以外にも、「20ペフスのパン155個を、30ペフスのパンにかえようとするとき、何個と交換されるか？」（20ペフス、30ペフスは、約5リットルの粉からそれぞれ20個と30個のパンを作ったときにいう）

「私のマスで3回、ヘカト升（約5リットル）に入れ、さらに私のマスの$\frac{1}{3}$をそれに加えたら、ヘカト升が一杯になった。私の升の量を求めよ」

「ピラミッドの高さが8キュービット（約16センチ）で、底辺が12キュービット（約24センチ）の長さなら、この勾配はいくらか」

といった文章題が収録されている。

## いったい誰が、いつ「虫食い算」を考えたのか？

5□＋□4＝123とか、□7－2□＝65といった問題を虫食い算という。

いくつかの数字が伏せられた計算式で、明らかになった部分から伏せられた数を推理して、完全な計算式を導きだすという問題である。□には1つの数字が入ること、最上位の□には「0」が入らないというルールがある。

5□＋□4＝123なら、1の位が4＋□＝13となることから、前の□には9が入ることがわかる。すると、1（一桁の位がくりあがった分）＋5＋□＝12となり、後の□には6が入る。

また、□7－2□＝65の場合なら、1の位が7－□＝5となるので、後の□には2が入る。さらに、□7－22＝65であることから、前の□には8が入る。

こうした虫食い算は、欧米では、昔から練習問題として利用されており、その起源については わからない。日本での起源も正確にはわからないが、一説には、江戸時代、店がつぶれるかもしれないという商店の主が、商売熱心さから生み出したといわれている。

当時の商売は、ほとんどが掛け売りだった。お客のほとんどが顔見知りだったので、そのつど代金を受け取るのではなく、取引を大福帳に記録しておいた。そして、盆や暮れに掛け売りの総額を計算し、集金して回ったのである。

ところが、掛け売りの額を計算しようと、大福帳をめくったところ、紙を食べる「シミ」という虫にあちこち食い荒らされていた。なかには、数字が読めず、いくら集金すればいいのかわからないケースもあった。むろん、売掛け金が集金できなければ、店がつぶれかねない。そこで商人は、あらゆるヒントを手がかりに、虫に食われた数字を計算して埋めたという。

日本では、商売人が行った必死の計算がルーツとなって、虫食い算のパズルが生まれ、寺子屋などを通して広まったとみられている。

## 10Lの油を3Lと7Lの容器で5Lに分ける「油分け算」

虫食い算は、前項で述べたように、江戸時代の商人が考えたといわれるが、「油分け算」は同時代の油屋が考えたものという。

その油分け算とは、「10リットルの油を3リットルと7リットルの容器で5リットルに分けるには、どうすればいいか？」というような問題である。

江戸時代の油屋は、たいてい10升ダル（一斗ダル）と7升ダル、3升ダルを使っていた。お客が「5升売ってほしい」といえば、7升ダルと3升ダルを使い、他の容器に移したり、戻したりしながら、5升の油を売らなければならなかった。

じつは、この答えは、いく通りもある。わかりやすく単位をリットルにかえて、解き方を紹介してみよう。まず、10L容器から7L容器へ移し、その7L容器から3L容器へ移すと、10L容器が3リットル、7L容器が4リットル、3L容器が3リットルとなる。その後、3L容器の油を10L容器に移し、空になった3L容器に7L容器（4リットル）の油を注ぐと、10L容器が6リットル、7L容器が1リットル、3L容器が3リットルとなる。

ここで、再び3L容器の油を10L容器へ移し、7L容器の1リットルの油を3L容器に移す。すると、10L容器が9リットル、7L容器が空、3L容器が1リットルとなる。さらに、10L容器（9リットル）の油を空の7L容器に移すと、10L容器には2リットルが残る。そして、満タンの7L容器から、3L容器（中には1リットル）に移すと、7L容器に残る油は5リットルになるというわけだ。

さらに、3L容器が満タンになっているので、その油を10L容器（中には2リットル）に移せば、10L容器のほうにも、5リットルの油が入ることになる。

ちなみに、容器は斜めに傾けると、その容器の量のちょうど半分になる。そのため、最初に10L容器の油を7L容器と3L容器に分け、その7L容器と3L容器をそれぞれ傾かせ、半分だけ10L容器に戻せば、10L容器には5リットルの油が戻る。この方法を思いついた人がいるかもしれないが、算数（油分け算）では、この方法は反則とされている。

# 3

# 「世の中」の仕組みを説明できますか？——社会

【基本編】

## 二院制、衆議院の優越、通常国会…国会の仕組みとは？

国会は、選挙によって選ばれた国民の代表＝国会議員が、国政にまつわる重要案件を話し合い、決定する機関である。

その国会が開かれている場所は、永田町にある国会議事堂。この建物は、中央塔を中心に左右対称の形をしているが、これは、日本の国会が「二院制」をとっていることによる。建物を正面にみて、中央塔の左側が「衆議院」、右側が「参議院」になっている。

日本が二院制をとっている理由は、国民の生活を左右する案件を、より慎重に審議する必要があるため。二院制には、ひとつの議院の行きすぎをおさえ、じっくり検討するメリットがある。

法案や予算案は、衆議院と参議院で順次、審議され、原則として両院で可決されてはじめて成立するが、両院の議決が異なる場合は、衆議院でもう一度議決し、3分の2の賛成を得ると成立する。

また予算案などは、参議院より衆議院の決定を優先させることを、憲法で規定している。これを「衆議院の優越」という。衆議院には優越的な権限が与えられる分、任期は短く解散もある。すべての議員が参議院よりも頻繁に選挙の洗礼を受ける衆議院のほうが、国民の意見がより反映されやすいと考えられているからである。

ここからは、国会の種類について見ていこう。国会には「通常国会」「臨時国会」「特別国会」の3種類がある。

通常国会は、毎年1回、定期的に開催される。通常は1月に招集され、会期は150日。審議されるのは、翌年度の予算案とその関連法案が中心だ。

臨時国会は、国会閉会中に緊急に話し合うべき問題が生じたり、内閣の要求があったときに臨時に開かれる。

特別国会は、衆議院が解散し、総選挙が行われた日から30日以内に新しく選ばれた議員が集まって開かれる会議。最初の仕事は、内閣総理大臣を新しく指名することである。

ちなみに、任期満了で総選挙が行われた場合は、特別国会ではなく、臨時国会が開かれる。ただし、これまで任期満了となったのは、戦後では１９７６年の三木内閣だけ。あとは、すべて任期途中に解散されている。

## これだけはおさえておきたい衆議院と参議院の違い

衆議院と参議院には、任期や定数などに違いがある。任期は衆議院が4年、参議院は6年。選挙に出馬できる年齢は、衆議院は25歳以上、参議院は30歳以上とこれも異なる。それ以上に大きな違いは、衆議院だけに「解散」があることだ。解散は、任期途中で衆議院議員全員が地位を失う制度のことだ。

解散もあって任期も短い衆議院に対して、任期が長く解散のない参議院は、衆議院で議論している内容を、じっくり腰を据えてチェックすることができる。これが、二院制のメリットといえる。ただし、参議院は任期が6年だが、3年に一度選挙があり、議員の半数ずつが改選される。

また、前項でも述べたように、国会審議では、衆議院のほうに強い権限（衆議院の優越）が与えられている。

たとえば、先に衆議院で可決した法律案が、参議院で議決しなかった場合、あるいは否決となった場合はどうなるのだろう？　そんなときは、法律案がふたたび衆議院へ戻され、衆議院の出席議員の3分の2の賛成を得れば再可決となって、法律が成立する。

このほかにも、衆議院は次のような権限をもっている。

**1　予算の先議**——国のお金を扱う予算案審議は、衆議院が先に行う。

**2　予算の議決や、条約の承認での衆議院の優越**——衆議院で可決された後、参議院が30日以内に議決しない場合、衆議院の議決がそのまま国会の議決となる。

**3　内閣総理大臣の指名**——両院の議決が異なる場合、あるいは参議院が10日以内に議決しないときは、衆議院の議決が国会の議決となる。

**4　内閣不信任案の決議**——参議院には決議権がない。

さて、衆議院にしかない「解散」には、2通りの方法がある。ひとつは首相と衆議院の意見が対立して、衆議院が「内閣不信任決議案」を可決した場合。そのさい、首相が辞任し内閣が総辞職するか、衆議院を解散して総選挙をするか、いずれかの方法がとられる。

もうひとつ、首相が自身の政権運営について国民の信を問うために、衆議院を解散する場合もある。

なお、衆議院が解散している間、国会の議決が緊急に必要となった場合、参議院だけが招集され、緊急集会が開かれる。

## そもそも「内閣」といえば、誰のことなのか？

「内閣って誰のこと？」という人に答えると、内閣は、ふだんわれわれが「政府」と呼んでいるものと、ほぼ同じだ。国会が国の政治の方針を決める機関であるのに対して、内閣は、国会で決められた法律や予算にもとづいて、政治運営をおこなう行政の最高機関である。

内閣のトップは内閣総理大臣だが、総理大臣に指名されるためには、

**1　国会議員であること**

**2　軍人ではなく、文民でなければならない**

という条件が憲法に定められている。

憲法上、軍隊をもたなくなって久しい日本には、「軍人」は存在しないが、憲法が制定された終戦直後は、旧日本軍人が現役世代だったため、あえてこの一文が加えられたと見られる。

さて、新総理が最初に行う仕事は、国務大臣を選んで、内閣を編成する「組閣」である。内閣のメンバーは、総理大臣と、18人以内の国務大臣で、国務大臣は各省のトップとして、それぞれの仕事を監督する。以前は国務大臣の数は17人までだったが、２０１２年2月に復興大臣が新しく加わった。

また、閣僚の過半数は、国会議員から選出することが規定されているが、それ以外は民間からの登用も可能だ。

このように、国会議員のなかから総理大臣が選ばれ、総理大臣が内閣を編成する政治制度を「議院内閣制」と呼ぶ。アメリカのように、国民が直接、行政のトップである大統領を選出する「大統領制」とは異なり、立法権を担う国会と、行政権を担う内閣のメンバーが重なり合って政治をすすめるのが特徴だ。

では、内閣は具体的にどんな仕事をしているのだろうか？　まずは、国の予算案を国会に提出し、決められた予算を実行するのが重大な任務。行政を行うための法律案や政令をつくり、外国との条約を結ぶのも内閣の仕事だ。

また、天皇の国事行為には、内閣の助言と承認が必要とされている。

そのほか、最高裁判所長官の指名も、内閣が行う。司法の最高機関である裁判所に対して人事権をもつことで、裁判所の行きすぎを抑制するという意味合いからだ。

## 国のお金はどう流れるか覚えていますか？

家庭のやりくりと同じで、国を運営するにはお金が必要だ。しかし、現在、日本の国家財政は、１０００兆円以上の借金をかかえ、〝日本の家計〟は火の車というのは、ご存じのとおり。大切な税金の使い道に関わる予算がどのように決められているのか、流れくらいは把握しておこう。

一般家庭では、ふつう給料が入ってきてから、使い道を決めるものだが、国の場合はそれと逆で、使い道がまず決められ、必要な金額をどのように集め、どうやって使うかを合わせて計画する。その予算編成作業は、半年以上かけて行われている。

まず最初に、各省庁から来年度の事業計画が提出される。たとえば、国土交通省なら、道路をどうするか、農林水産省であれば米をどれくらいつくろう、といったことを各省庁がそれぞれ考えた上、一年間に必要な金額を算出し、財務省に提出する。これが「概算要求」と呼ばれるものである。

財務省は、各省庁から提出された金額や内容が妥当であるかを査定し、その結果を内閣へ伝える。内閣は、この財務省の報告をもとに「予算案」を作成し、1月に招集される通常国会で審議にかけられ、可決されると、成立となる。

国会での審議は、予算案はまず予算委員会で話し合われ、公聴会などを行ったあと、衆議院本会議で採決される。その後、参議院でも同様に採決されれば予算成立だ。前述したように、予算案は衆議院の優越によって、参議院で否決されても成立となる。

また、大災害や社会情勢の急変などで、予算が足りなくなった場合には、補正予算が組まれる。また、新年度までに予算が決まらない場合は、「暫定予算」という仮の予算が組まれる。

一方、国の収入のほうはどのように集められているのだろうか？

国の歳入には、租税、印紙収入、公債金などがある。租税には、国税と地方税に分けられ、国が歳入としているのは、法人税や所得税、消費税の一部、相続税、酒税などの国税である。

なお、地方税は、地方公共団体があつめる税金で、住民税、事業税、消費税の一部、固定資産税など。

公債金は、国や地方が個人や企業から借りるお金。国が発行する国債と、地方が発行する地方債の二つがある。

## 立法、行政、司法の「三権」の関係を簡単にいうと…？

「三権分立」は、フランスの政治思想家モンテスキュー（1689〜1775）が提唱した権力分立の考え方で、民主主義の政治の基本とされている。

海外には、さまざまな国の体制があるが、国民がもっとも苦しめられてきた政治体制は「独裁国家」だろう。その原因は多くの場合、権力の過度な集中によるものだ。

国家権力がひとつに集中すると、国民の権利や自由が侵害される危険が高くなる。そこで、権力をいくつかの機関に分けることで、権力の暴走や癒着を防ぐのが「三権分立」の考え方である。

三権分立の三権は、「立法」「行政」「司法」の３つで、日本の政治では、次のように憲法で規定されている。

**立法権**――「国会は、国権の最高機関であって、国の唯一の立法機関である」（第41条）
**行政権**――「行政権は、内閣に属する」（第65条）
**司法権**――「すべて司法権は、最高裁判所及び法律の定めるところにより設置する下級裁判所に属する」（第76条1項）

そして、これらの三権は、互いに牽制しあう仕組みが設けられている。

たとえば国会は、内閣に対して、内閣総理大臣の指名と不信任案の決議をする権利を持つ。裁判所に対しては、弾劾《だんがい》裁判所を設置し、裁判官を裁判することもできる。

それに対して裁判所は、違憲立法審査権を持つ。これは、国会が成立させた法律が憲法違反でないかを審査する権利のこと。また、内閣の命令や規則、処分が憲法に違反していないかを審査する権利も持っている。

一方、内閣には、衆議院を解散したり、国会を招集する権利がある。また、司法権に対しては、最高裁判所の長官を指名し、裁判官を任命することができる。このように、三権は三すくみの構造になっているのだ。

## 知らないでは済まされない「裁判」の仕組み

一般市民にとって、裁判所はなじみのうすい場所。なるべくなら関わりたくないし、「自分の人生とは無縁の存在」と思っている人が多いことだろう。

しかし、裁判員裁判がスタートしたことで、そうとも言いきれなくなってきた。まったく関わりのない人の事件を〝裁く側〟として関わる可能性が出てきたからだ。そこで、裁判の種類や裁判所の組織など、基本的なことをおさえておきたい。

では、まず裁判の種類から。裁判には、民事裁判、刑事裁判、行政裁判の3つがある。このうち、民事で扱うのは、お金の貸し借りや土地のトラブル、交通事故の補償など。個人間や法人どうしの争いごとを解決するために行われる裁判だ。

刑事裁判は、強盗、傷害、殺人、放火など、犯罪に手を染めた者を裁く場。無罪か有罪かを判断し、有罪の場合、どのような刑を与えるかを決定する。行政裁判は、国民が国や

## ■三審制とは？

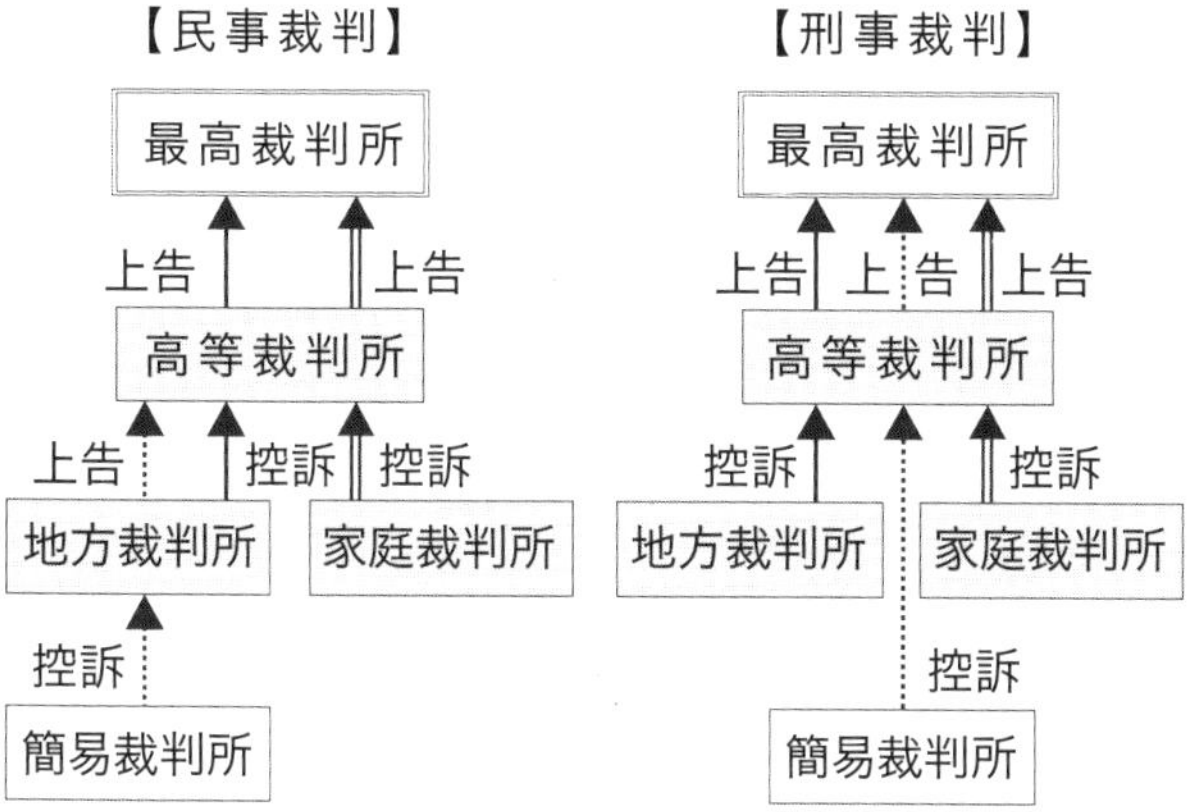


地方自治体を相手どって起こす裁判のことをいう。

これらの裁判が行われる場所には、最高裁判所、高等裁判所、地方裁判所、家庭裁判所、簡易裁判所があり、最高裁判所に対して、それ以外の４つを下級裁判所と呼ぶ。それぞれ、どんな事件を扱うのかを見てみよう。

**簡易裁判所**——少額の賠償訴訟や、罰金以下の刑罰など、小さなトラブルや軽い罪を速やかに裁くことを目的としている。

**家庭裁判所**——少年犯罪と、離婚調停など、家庭内の争いごとを扱う。

**地方裁判所**——第一審を行うほか、民事裁判では、簡易裁判所の事件の控訴審を行う。

**高等裁判所**――簡易裁判所、家庭裁判所、地方裁判所を第一審とする事件の控訴審を行ったり、地方裁判所を控訴審とする事件の上告審（第三審）などを行う。

**最高裁判所**――司法権の最高機関。裁判所の判決を最終的に決める上告審を扱う。

最高裁では、下級裁判所の判決に不服をもった人の申し立て（上告）によって、最後の裁判（三審）が行われる。裁判が三審までもうけられている（三審制）のは、裁判を公正で間違いのないものにするためだ。

三審（最終審）で決まった判決は通常変えられない（判決の確定）が、新しい証拠が見つかったり、重大な事実の誤りがわかった場合は例外で、被告人は再審を求めることができる。重い罪が言い渡された事件でも、後に再審で無罪になったケースも過去にいくつもある。

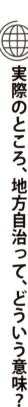

## 実際のところ、地方自治って、どういう意味？

新聞やテレビのニュース解説などを見ていると、「地方自治が機能していない」とか、

「地方自治体の責任は……」といった言葉が頻出する。この「地方自治体」とは、いったい何のことだろうか？

地方自治体は、中央（国）の行政機関に対して、地域の行政機関のこと。同じ日本でも、沖縄と北海道では自然環境や産業、文化が異なるので、地方には地域の実情に合わせた行政が必要だ。そこで、国からある程度独立した地方自治体が、その地域にあった行政の運営を行っているのである。

地方自治体（地方公共団体）は、地方自治が行われる一つひとつの行政区画のこと。都道府県と市町村という普通地方公共団体と、特別区の東京23区のような特別地方公共団体などがあり、それぞれ税源や事務の権限が異なっている。東京23区の場合は、市町村と並ぶ行政区画であり、市と同じ働きをしていると考えていい。

と言われても、地方自治体が何をしているところか、いま一つピンとこない人も多いだろう。その内容が注目される機会は、あまりないからだ。

まず、その仕組みを説明しておくと、地方議会には、都道府県議会や市町村議会がある。いずれも一院制で、議員の任期は4年間。議会では、その地域で守らなければならない条例をつくったり、予算を決めたりしている。

一方、国の内閣にあたる行政機関は、都道府県の場合は知事、市町村では市長・町長・村長が、地方自治の最高責任者として行政をすすめるのがその任務。知事も市町村長も直接選挙で選ばれ、任期はともに4年。都道府県知事は満30歳以上、市町村長は満25歳以上で、選挙に出馬することができる。

中央が国の政治を運営するのに対して、地方自治体が請け負っているのは、地域の人々が住みよい環境を保つための身近な行政サービスだ。

たとえば、公園や公民館をつくったり、ごみ処理や焼却炉を整備してきれいな環境に保ったり、お年寄りや体の不自由な人が安心して住めるように手助けするなど、治安維持、社会福祉、経済・文化・社会の発展のために行われる身近な行政を担っている。

また、国税の一部を集めたり、保健所をつくったり、戸籍や統計などを、国にかわって代行する「委任事務」も各自治体で行っている。

## そういえばそうだった！ 日本国憲法の3つのポイント

「日本国憲法」について、第九条の「戦争の放棄」くらいしか覚えていないという人もいることだろう。ただ、それこそ、日本国憲法の最大の特色といえる。「平和憲法」と呼ぶ人もいるように、日本国憲法では「戦争を放棄する」ことが定められ、憲法の前文でも、「国民主権」「基本的人権の尊重」と並んで、「平和主義」が3大原則のひとつに謳われている。

平和主義を憲法で具体的に謳ったのは、言うまでもなく、日本が太平洋戦争に敗れたからである。1945年、日本はポツダム宣言を受け入れたが、その降伏条件として、戦争をすすめてきた軍部勢力を排除し、民主主義国家にすることが求められた。そこで、明治憲法を改正し、新憲法がつくられることになったのだ。

日本国憲法は、前文と11章、103カ条から成り立っている。

ざっと内容をあげると、前文は日本国憲法制定のねらい、第1章は天皇の地位や仕事について、第2章は戦争の放棄、第3章は国民の権利および義務、第4章は国会、第5章は内閣、第6章は司法、第7章は財政、第8章は地方自治、第9章の憲法改正の手続き——という内容になっている。

そのうち、第1章の第1条には、「天皇は日本国の象徴であり日本国民統合の象徴であって、この地位は、主権の存する日本国民の総意に基づく」とある。今では「当たり前」

の感覚だが、戦前の大日本帝国憲法では主権は天皇にあるとされていた。そこで新憲法では、天皇と国家との関係を明確に区別し、「国民主権」を明記したのである。

ただし、日本側が当初つくった草案は、明治憲法とさして変わらない内容だった。それに業を煮やした連合国軍総司令部（ＧＨＱ）が、新憲法の事実上の草案を作り、日本政府に突きつけた。日本政府はそれを受け入れ、手直しを加えた新憲法が国会を通り、１９４７年５月３日に施行されたのである。

このような経緯から、今の憲法はアメリカに押しつけられたものだと主張する人もいるが、戦争中、軍部におさえられて、自由にものも言えない暮らしを強いられていた人々にとって、自由と権利を保障する新憲法は大いに歓迎された。

## 憲法で保障された「基本的人権」を覚えていますか？

「人権に関わる問題だ」とか「それは人権侵害じゃないか！」など、よく耳にする「人権」という言葉。憲法では「人権」の前に「基本的」とつけられ、「基本的人権」が保障されていると書かれている。このことは何を示しているのだろうか？

日本国憲法が基本的人権について触れているのは、第3章の「国民の権利及び義務」。第11条に「国民は、すべての基本的人権の享有を妨げられない。この憲法が国民に保障する基本的人権は、侵すことのできない永久の権利として、現在及び将来の国民に与えられる」とある。

具体的に、どのような「人権」が守られているのかというと、人はみな法の下に平等で、差別されることがあってはならないという「平等権」がまずある。選挙権の平等や、男女の平等も別に条文が設けられ、その権利が保障されている。

二つ目は「自由権」。具体的には「人身の自由」「精神的自由権」「経済的自由権」の3種類あり、まず人身の自由は不当に身柄を拘束されない権利のこと。犯罪者であっても人権が保障され、罰するには法的手続きが必要だ。精神的自由権は、言論、学問、宗教の自由のことで、経済的自由権は、自由な売買や、職業選択の自由などが含まれる。ただし、これには「公共の福祉に反しない限り」という条件がつく。免許もないのに医療行為を行ったり、アブナイ薬を売る人が増えては困る。つまり、公共の福祉に反しない限りは権利を、ということだ。

もう一つの「社会権」は、国民が国に対して生活の保障を要求する権利のこと。自由権を与えられていても、病気で働けない人や災害で家も財産も失った人は、医者にも行けず、就職もままならない。それでは、人権をないがしろにすることになってしまう。そこで、日本国憲法第25条1項では、「すべて国民は、健康で文化的な最低限度の生活を営む権利を有する」と規定している。これが「生存権」で、この条文にもとづき、生活保護、医療保険などの社会福祉・保障制度が設けられているのだ。

また、能力に応じて等しく教育を受けられる権利や、国に対して働く機会が得られるよう求める勤労の権利、ストライキを起こす権利も保障されている。

ただし、国民は基本的人権を保障されている代わりに、義務も負わなければならない。それが「納税」などの義務である。

【発展編】

## 内閣と国会は、どちらが「強い」か

議院内閣制の日本では、内閣と国会は密接な関係にあるが、憲法では、両者の権力の大きさがどちらか一方に偏らないように、

「内閣総理大臣は、国会議員のなかから、国会の議決でこれを指名する」（67条）。

「内閣は、衆議院で不信任の決議案を可決し、または信任の決議案を否決したときは、十日以内に衆議院が解散されない限り、総辞職をしなければならない」（69条）

「内閣は、行政権の行使について、国会に対し連帯して責任を負う」（66条3項）

などと規定している。

最初の二つは、内閣総理大臣は国会で選ばれ、国会が不信任決議をする、という意味。

三つめの条文にある「国会に対し連帯して責任を負う」というのは、そもそも議院内閣制

は、内閣は国会の信任のうえに成り立っているものだから、内閣は国会に対して責任を負わなければならない、という意味だ。

内閣を率いる総理大臣は、国民の直接選挙ではなく、国会内の選挙で選ばれる。したがって、内閣は「国会に対して」責任を負うことが求められるというわけである。

また「連帯して」というのは、平たくいえば、総理大臣が辞めるときには、国務大臣もみんな辞めること。国務大臣は、総理大臣が任命するのだから当然ともいえるが、国会の信任を失った内閣は総辞職し、別の内閣にバトンタッチすることが憲法で規定されている。

その場合、内閣が全員辞職するか、衆議院を解散して総選挙を実施するか、という二つの方法を選ぶことになるのだが、後者の方法をとった場合は、総理大臣は一瞬にして衆議院議員全員のクビを飛ばすことができるのだ。

憲法の条文にちなんで、不信任案が可決されて解散するのは「69条解散」、総理の意思で解散する場合は「7条解散」と呼ばれるが、不信任案が可決して総辞職に至ったのは、これまでにたったの4例に過ぎない。

というのも、日本では長年、自民党が多数派を占めていたため、国会内で内閣不信任案が可決されることが、通常はありえないことだったからだ。

ちなみに、69条解散で有名なのは、吉田茂の「バカヤロー解散」と、大平首相の「ハプニング解散」。大平政権のときは、主流派と反主流派の関係が悪化し、社会党や共産党などの野党が提出した不信任案に、自民党反主流派が欠席し、不信任案が可決。大平首相は即刻衆議院を解散させて、初の衆参ダブル選挙となった。

一方、7条解散は、総理大臣の権限で時期を選んで解散することができ、ほとんどの解散は7条解散になっている。

## 法律は、どうやって作られているか、いえますか？

先にも触れたとおり、新しい法律は国会の場で審議され、原則として衆議院・参議院の両院で可決されることで成立するが、そこに至るまでには、厳しいチェックや審査が行われている。ここでは、新しい法案の立案から提出、審議までの道のりを追ってみよう。

法案は、内閣だけが出しているわけではない。委員会、調査会、それに国会議員が発議する法案もある。

それらと区別するために、内閣が提出するものを「内閣提出法案」「政府立法」、国会議員や委員会が発議するものを、「議員提出法案」「議員立法」と呼ぶ。

もちろん、政府立法にせよ議員立法にせよ、法案を議会に提出するには、単に法律案を書いただけではNG。たとえば、議員立法の場合、発議者以外に、衆議院では20人以上、参議院で10人以上の賛同がいる。また、予算措置をともなう法案の場合は、衆議院で50人以上、参議院で20人以上の賛同議員が必要だ。

一方、内閣から提出される政府立法の場合はどうかというと、内閣の指示によって新しい政策のアイデアや、それにともなう法律を考える場合もあるが、いずれにしてもアイデアを法律化するのは、主に官僚の仕事となる。

法案の骨組みが決まったら、各省庁の担当課が法案の原案を作成し、同時に内閣法制局でチェックが行われる。法案に憲法違反がないか、条文の表現や用語にまずいところはないかなど、細かい確認作業を行うのである。

次に、与党内でチェックされたあと、閣議にかけられる。閣議というのは、内閣のメンバーで行われる会議のことだ。

その閣議で決定された法案は、衆議院先議の場合は、衆議院議長へ提出されることになり、常任委員会や特別委員会で趣旨説明や質疑応答などが行われ、委員会で可決、その後、本会議で採決され、参議院でも同じ手続きを経て、法案成立となる。

## 日本人なら確実に覚えておきたい日本の地形

さて、この項からは、小学校社会科のうち、「地理」に関する部分を振りかえろう。まずは、次の問いに答えていただきたい。

「日本列島の総面積は（　）万平方キロメートルで、ロシアの面積にくらべると（　）分の1、アメリカ合衆国や中国の（　）分の1である」。

答え合わせをしておくと、日本列島の総面積は約38万平方キロメートル。ロシアの45分の1、アメリカ合衆国・中国の25分の1の面積しかない。

改めて数字をつきつけられると、「日本は、小さな面積でよく頑張っているなァ」と自賛したくなる人もいるだろう。大国ロシアには、「北方領土くらい、返してくれてもよさそうなのに」と、何やら釈然としない気分になる人もいるかもしれない。

では、「その北方領土四島の島の名前は？」──「国後島《くなしり》」「択捉島《えとろふ》」「歯舞諸島《はぼまい》」「色丹《しこたん》島」の四つだが、ちゃんと答えられただろうか。

また、昨今注目が集まっている尖閣諸島は、沖縄本島の西にあり、日本・中国・台湾が領有権を主張している。お隣の韓国と領有権を争っているのは竹島で、日本海南西部にある。

次に、日本列島について復習しておくと、日本の国土の4分の3（73％）が山地、3分の2（67％）が森林。とりわけ、火山が多いのが、日本列島の特徴だ。

日本には、じつに200以上の火山がある。桜島、阿蘇《あそ》山、浅間山、雲仙《うんぜん》岳、三原山など。日本の象徴・富士山も「死火山」ではない。

では、川はどうだろうか。世界には海のように大きな川もあるが、日本はそもそも山国なので、急流がほとんど。川幅が狭く、四季の変化によって流出量が変化するので、かつては洪水を起こしやすい暴れ川が多かった。

そのなか、日本の三大急流は、芭蕉の「五月雨をあつめてはやし最上川」で知られる山形県の最上川と、静岡県の富士川、熊本県の球磨《くま》川。これらの川では、高い山から流れ落ちる急流のエネルギーを水力発電に利用してきた。

日本でもっとも大きい湖は、琵琶湖。滋賀県の面積の6分の1を占め、日本人にとっては「巨大」だが、世界的にみればじつに小ぶりだ。琵琶湖は、世界最大の湖、カスピ海とくらべると、わずか５６０分の１の大きさしかない。

というわけで、何に置いても小さくこぢんまりしているのが日本の地形の特徴だが、だからといって自然が穏やかというわけではない。世界で起きる地震の10分の１は日本近辺で発生するといわれる。日本の自然環境には、厳しい面もあるのである。

## 「工業地帯」と「工業地域」は、どこがどう違う？

日本の工業は、太平洋戦争前から、おもに太平洋の沿岸沿いで発達した。現在、中高年世代の方は、日本の工業は京浜・中京・阪神・北九州の４つの工業地帯から発達し、これを「四大工業地帯と呼ぶ」と習ったはずだ。

ただし、現在の北九州は、ほかの三大工業地帯にくらべ、生産量が減ったため、現在の小学校では「三大工業地帯」として学習している。

これらの工業地帯は、首都圏から北九州の太平洋岸にかけて、まるで帯のように見えることから、「太平洋ベルト地帯」とも呼ばれている。

日本の工業は、かつての四大工業地帯をベースとして、戦後は、さらに各地で工業が活発化し、新しい工業地域が次々にできてきた。京浜工業地帯からのびた「京葉工業地域(千葉県)」、京浜・中京工業地帯の間にある「東海工業地域(静岡県)」、「瀬戸内工業地域」「関東内陸工業地域」「北陸工業地域」などだ。

「ここでハテ?」と思うのが、「工業地帯」と「工業地域」という呼び分けがあることだ。四大工業地帯は「工業地帯」と呼ぶのに、京葉、東海、瀬戸内工業地域などは、いずれも「工業地域」と呼ばれている。

これは、規模の大きさで区別しているのではなく、時期の違いによるもの。第二次大戦前から工業が発達したところは「地帯」、戦後に発達したところは「地域」と区別しているのだ。

日本の工業が沿岸部から発達し、「太平洋ベルト」を形成したことは先に述べたとおりだが、ではベルト状に工業地帯が広がったのはなぜだろうか?

その理由はいくつかあげられるが、まず一つは、海沿いのほうが、資源の輸入や製品を輸出する際、内陸部よりコストが安く抑えられ、何かと都合が良かったこと。

また、工業地帯が各地に点々としているより、一つの地域に関連工場が集まったほうが、原料を有効活用できることや情報交換しやすいという利点もある。

## ■日本の工業地帯・工業地域

そもそも、太平洋ベルト地域は平野に恵まれ、気候が穏やか。大都市があって人口も多く、労働力や資本がある。とくに、京浜から東海、京阪神へ至るまでの平野部には、都市が連なっているので、「東海道メガロポリス」と呼ばれている。

じっさい、東海道メガロポリスに含まれる「中京工業地帯」は、現在、日本一の生産額を誇り、トヨタの自動車を筆頭に、東海市の鉄鋼、四日市の石油化学などが日本経済を支えている。

そのほか、濃尾平野で古くから盛んだった繊維工業や、瀬戸・多治見の陶磁器などが今も健在で、繊維工業や窯業でも、愛知県が日本一の生産高を誇っている。

## そもそも日本の農業の特徴はどこにあるのか

宮沢賢治の『雨ニモマケズ』の一節には、「一日に玄米四合と味噌と少しの野菜を食べ…」とある。「一日に玄米（コメ）を4合」といえば、現代ではびっくりするほどの量だが、昔の人はそれほどコメをよく食べていたのである。

日本人一人あたりのコメの年間消費量は、昭和初期は130キロもあったが、現在では約60キロにまで落ち込んでいる。食生活の欧米化で、コメ以外にパンを食べるようになったことや、おかずの量が増えたからだ。

日本では、狭い国土のなか、単位当たりの収穫量を増やす労働集約型の農業が展開され、おもにコメの生産を増やしてきた。しかし、コメの消費が減った結果、日本のコメは余るようになった。そこで政府は、1970年からコメの生産調整を実施し、稲作農家に奨励金を出したり、コメ以外の作物に切り替える転作を推進し、減反政策をすすめてきた。

もっとも、コメが今も日本人の主食であることに変わりはない。日本でコメづくりが盛んなのは、〝日本の米蔵〟と呼ばれる東北・北陸地方である。道県別では、北海道、新潟、秋田、宮城、山形がコメどころとして有名だ。

これらの地方で稲作が盛んになったのは、広い平野や盆地があり、豊富な水量に恵まれた川や、雪解け水の利用など、自然環境によるところが大きい。ただし、日本のコメどころは豪雪地帯が多く、裏作ができないため、「単作」が多い。

一方、関東から西の地域は温暖多雨で、九州の筑紫平野のように「二毛作」が行われているところもある。二毛作は、同じ耕地で1年に2種類の作物をつくること。同じ耕地で同じ種類の作物をつくる「二期作」とは異なるので注意しよう。

一方、パンやうどんに欠かせない麦の生産はどうだろうか。かつては日本でも、小麦や大麦を盛んに作っていたが、１９６０年代から生産量は大幅に減り、現在の自給率は10～14％。消費量の大半を、アメリカやカナダ産の輸入小麦に頼っているのが現状だ。

日本人の食生活ではパンの比重が増してきたのに、麦の生産が減ったのは不思議に思えるが、じつは日本でよく育つ小麦はパンの原料に適さないという理由がある。その上、外国産小麦は安い。それでは、国内で増産されるはずもないのだ。

野菜も同様で、かつては１００％近い自給率だったが、円高の影響もあって中国野菜が輸入されるようになり、輸入量が年々増加している。

むろん、日本の農家も黙って手をこまねいているわけではない。たとえば、無農薬や有機農業による露地栽培で付加価値をつける、地の利を生かした近郊農業で大都市に新鮮な野菜を提供する、旬の時期をズラして高い利潤をあげる促成栽培など、あの手この手で輸入野菜に対抗している。

## そもそも日本の貿易の特徴はどこにあるのか

マルコポーロに〝黄金の国〟と紹介され、大航海時代のヨーロッパ人の憧れを集めた日本。しかし、日本の本当の姿は、資源に乏しい国だ。

そんな国にとって、貿易は、足りない資源を補う手段として重要な意味を持つものだ。戦後、日本の工業が発展を遂げることができたのも、石油やガス、石炭、木材などのエネルギー資源や工業原料を他国から輸入する代わりに、それらを使って工業製品をつくって輸出してきたからだ。

このように、原料を輸入し、それを加工して工業製品を売ることを「加工貿易」と呼ぶ。日本の貿易はその典型的なスタイルといえ、資源の乏しさを高い技術力でカバーしてきたのだ。

しかし、輸出ばかりに力を入れていると、貿易相手国の産業を脅かすことになる。かつて日本とアメリカで貿易摩擦が生じたのは、自動車をほぼ自由に輸出できた日本に対し、日本はアメリカの農産物の輸入を制限していたことが主因だったといえる。

そこで日本政府は、アメリカ産牛肉・オレンジの輸入自由化を行い、他の農産物を含めて関税率を引き下げるなど、摩擦をなくす努力を続けてきた。

関税は、外国の輸入品にかける税金のことで、関税を課すことで輸入量を制限するシステムだ。安い製品が外国からどんどん入ってくると、自国商品が売れなくなってしまう。そこで、関税をかけて輸入量を制限するのだ。

現在の日本は、世界のほとんどの国と貿易を行っているが、最大の貿易相手国となっているのは、中国である。13億人の人口を抱える中国市場に日本製品が輸出される一方、中国からは安価な製品が多く入ってきている。結果、アメリカを抜くほどの貿易相手国となっている。

その他の国では、中東のペルシャ湾岸の国々から石油を輸入しているほか、最近では韓国、台湾、香港、シンガポールなど、新興工業経済地域との間の貿易が増加している。

太平洋地域では、オーストラリアから、鉄鉱石や石炭、羊毛や肉類などを多く輸入している。

## ニュースでよく聞く「少子高齢化」問題の正しい読み方

少子高齢化がすすむ日本。2014年のデータでは、日本の女性ひとりが一生に生む子供の数は、1・42人まで落ち込んでいる。このまま少子化が進めば、人口がどんどん減り、いずれ日本から人がいなくなってしまうのでは？　と心配する声もある。

ただし、今でも日本は、世界で10番目に人口が多い国だ。2015年8月の概算値で、日本の総人口は1億2689万人。この数字は、第一回目の国勢調査以来、95年間で2・3倍に膨れあがったことになる。国勢調査は、国の人口を5年ごとに調べるもので、全国一斉に調査が行われる。第一回目の調査は1920年（大正9）で、その後5年ごとに、毎回10月1日に行われることになっている。

次に、日本の人口密度を見てみよう。人口密度は、1キロ平方メートルあたりの人数で、日本では337人。

ほかの国はどうかというと、人口世界一（13億4000万人）の中国でも、人口密度は140人。人口12億人のインドは368人。もっとも人口密度が高いのはバングラディシュで、1キロ平方メートルあたり1173人だ。

バングラディシュには遠く及ばないものの、日本では狭い国土に大勢の人が住んでいることがわかるだろう。

しかも、人口の地理的な分布に大きな偏りがある。日本では、関東から北九州へ至る工業地帯「太平洋ベルト地帯」に人口が集中し、なかでも東京・名古屋・大阪を中心とする半径50キロ圏内に集中している。国土の6パーセントに過ぎない面積に、人口の40パーセントが住んでいるのである。

過密とは逆に、過疎が問題になっているのは、北海道、東北、北陸、山陰、南九州など。とくに山間部では、過疎とともに高齢化も深刻な問題となっている。

ところで、よく「高齢化社会」「高齢社会」などというが、これは「最近、なんだかお年寄りが増えたよねえ」という漠然としたニュアンスで使われているわけではない。65歳以上の老年人口が、総人口の7パーセントをこえると「高齢化社会」、14パーセントをこえた場合は「高齢社会」といって区別することになっている。

## 世界一位の漁獲量を誇った日本に起きている大変化とは？

戦後、日本の食生活は欧米化がすすんで肉食が増えたが、それでも現在なお日本は、世界有数の水産物の消費国だ。

日本で水産業が盛んになった第一の理由は、もともと日本近海によい漁場があったこと。よい漁場の条件は、魚のエサとなるプランクトンが豊富なことであり、日本近海でその条件を満たしているのが、千島列島付近から三陸沖にかけて親潮と黒潮がぶつかり合う三陸漁場。サンマやカツオ、マグロ、タラ、イワシなどがよくとれる。

むろん、日本人の食欲を支えるためには、近海漁だけに頼っているわけにはいかない。そこで、日帰りで漁を行う「沿岸漁業」のほかに、「沖合漁業」や「遠洋漁業」が行われている。

沿岸漁業は、日帰りできる範囲の漁場で、10トン未満の小さな漁船で行う漁業。近所の海で漁をするため、その土地ならではの魚がとれるのが特徴だ。日本の漁師の85％が沿岸漁業者である。

一方、沖合漁業は、10トン以上の船で、30～50キロの沖合まで出かけ、数日間で帰ってくる漁業。獲物はアジ、サバ、イワシなどの大衆魚が中心になる。

遠洋漁業は、大型漁船で遠く離れた漁場で行う漁業のこと。いったん出発すると早くて一カ月半、長いと数カ月～1年以上も日本を離れる場合もある。狙いは、マグロやカツオなどである。

遠洋漁業では、かつては外国の沿岸の大陸棚で操業していたが、200海里経済水域が定められるなど、自由に魚をとることが難しくなって、漁獲量は減ってきている。日本は1972～1988年まで、漁獲量年間1千万トンを超え、世界一位だったが、現在ではその半分ほど。現在のトップは中国だ。

遠洋漁業の衰退にともなって、最近注目されているのが養殖漁業だ。獲るだけの漁業から、作り育てる漁業へ移行するため、養殖や栽培漁業が盛んになっているのだ。養殖漁業のメリットは、遠くまで漁に出かける必要がないことと、豊漁・不漁に左右されにくいため、計画的に出荷できることだ。

湾内で行われる海面養殖には、ハマチ、タイ、クルマエビ、カキ、ホタテ、ノリ、真珠などがあり、各地で養殖されている。湖・沼・川で行われる内水面養殖では、十和田湖のヒメマスや浜名湖周辺のウナギ、琵琶湖のアユなどが有名だ。

## 「国際連合」の仕組みと役割を覚えていますか？

「国連の平和維持活動」「国連の核廃絶決議案」など、ニュースの見出しにたびたび踊る「国連」（国際連合）の文字。漠然とは知っていても、どのような組織で、どんな活動をしているのか、きちんと答えられるだろうか？

国際連合は、第二次世界大戦終了直後の１９４５年10月に発足した国際機関だ。国連憲章の前文では「２度にわたって繰り返された悲惨な戦争を次の世代が再び体験することがないように、世界平和や人権の尊重のために努力を結集する」という内容のことが書かれている。

その前文の通り、国連は、①世界平和の維持、②貧しい人々の生活を向上させることを目標に設けられた「国際的な話し合いの場」といえる。

国連本部はアメリカのニューヨークに置かれ、「総会」「安全保障理事会」「経済社会理事会」などの機関と、ユネスコやＷＨＯなどの専門機関からなり、現在の加盟国は１９３

国。

「総会」は、国連の最高機関で、年一回、すべての加盟国が参加して、さまざまな問題が話し合われている。年一回9月の「定期総会」のほか、必要に応じて開かれる「特別総会」や「緊急特別総会」がある。

総会では、貧富や大国・小国の差に関係なく、すべての国が一国一票の投票権を持ち、多数決で決議される。ただし、重要事項については、出席投票国の3分の2の賛成が必要だ。

また「安全保障理事会」は、平和と安全を守る仕事をする中心機関で、15カ国から構成されている。うち10カ国は、任期2年の「非常任理事国」で、残りの5カ国は常任理事国（アメリカ・ロシア・イギリス・フランス・中国）だ。

安全保障理事会は、紛争地域に平和維持軍（ＰＫＯ）を派遣し、平和維持につとめるほか、侵略など平和を脅かす行為に対しては、経済封鎖や軍事的措置を含む制裁措置を決定することができる。

ただし、議決するには、15の理事国のうち、9カ国以上の賛成が必要となる。また、常任理事国は拒否権をもち、1カ国でも反対があった場合には決定できない。

「経済社会理事会」は、世界の人々の生活や文化を高める仕事をする機関。戦争や災害で被害を受けた子供たちのために、薬や食糧などを援助する「ユニセフ」、教育や文化を通して国際理解を深め、平和を推進する「ユネスコ」、労働条件を改善する「国際労働機関」などの生活向上や人権を守るためのさまざまな専門機関がある。

## 地球儀をキチンと見るちょっとしたコツ

地球儀は、使い慣れていない人にとって、不思議なことが二つある。一つは、くるくると回せるのに、角度が自由に変えられない点。もう一つは、どの地球儀を見ても、微妙に傾いていることだ。

その理由は、地球儀は、実際の地球を正確に縮めて模したものだから。角度がついているのは、自転軸に合わせているからだ。地球の北極と南極をむすぶ地軸は、太陽をまわる面に対して約23・4度傾いている。そのため、地球儀にも同じ角度をつけてあるのだ。

見方のポイントとしては、地球儀に引かれている経線と緯線に注目してみるといい。地球儀には、縦と横の線が引いてあるが、地球儀の縦方向にある線が「経線」である。イギリスのグリニッジ天文台があった場所を0度として、その右側（東側）が東経、左側（西側）が西経で、それぞれ180度まである。

一方、横方向に引かれているのが「緯線」。これは赤道を0度として、南北90度まである。北緯90度が「北極点」、南緯90度が「南極点」を表し、地球儀では、その部分がちょうど軸で固定されている。

地球をそのまま縮めた地球儀は、2点の距離や方角を正しくはかることができるが、その一方で、地図は、丸い地球を平面に写しとっているので、距離、面積、方位をすべて正しく表すことはできない。どこかが歪んでしまったり、距離が違ってしまう。そのため、地図の場合は距離、面積、方位のどれか一つに重点を置いて描かれている。

このうち、面積を正しく表す工夫がなされた地図を正積図法と呼び、モルワイデ図法、サンソン図法などがある。平べったいたまねぎのような型をした地図で、分布図などに利用される。

また、緯線と経線が直角に交わり、角度の関係を正しく示した地図を正角図法と呼び、メルカトル図法がその代表。航海用の海図などに利用されているが、単純に目で見た場合は、方位が歪んでしまう。また、高緯度ほど面積や形が拡大され、不正確なものとなる。

## 縮尺、等高線、地図記号…地図はそう読めばよかったのか

近年、地図の読み方がわからない人が増えているという。「車のときはカーナビがあるし、別に地図なんか読めなくても平気」というわけだが、資料の作成など、ビジネスの場でも地図を使う機会は多いはず。地図を上手に利用するために、基本的な約束事を知っておこう。

まずは、ごくごく基本的なことから。ふつうの地図は、上が北で下が南になるよう描かれている。むろん、この場合、右は東で左は西である。

地図上の縮尺は、じっさいの距離が、地図上でどれくらい縮めて描いてあるかを示す割合。

また、地図を利用するとき、目印となる建物や線路などを記した「地図記号」を覚えておくと、目的地を探しやすい。地図に疎い人でも、温泉マークくらいはわかるだろう。そのほかにも、市役所、町・村役場、保健所、郵便局、寺、ＪＲ、私鉄の路線、川と橋、トンネルなどはおさえておきたい。

## ■地図記号を覚えていますか？

さて、ここからは地図の種類を見ていこう。まず、土地の高低を見るときには、「等高線式地図」が用いられる。海面から同じ高さになる距離を結んだ線を「等高線」と呼び、それを真上から見たように表した地図のことである。

見方のポイントは、等高線の幅。等高線と等高線の間隔が狭いところは、土地の傾きが急で、等高線のあいだが広いところは、傾斜がゆるやかになっている。

これに色付けしたものが「段彩図」で、平野など土地の低い場所は緑色、大地はそれよりもうすい緑色、山地など標高が高いところは茶色などで色分けして表す。

このほか、短いくさび形の線を傾斜の方

向に並べて描いた「けば式地図」や、土地の高低を立体的に見せるよう影をつけて表現した「ぼかし式地図」などがある。

これらの地図はいずれも平面図だが、地形のあらわしかたには、このほかに鳥瞰《ちょうかん》図、断面図もある。断面図は言うまでもなく、地形をタテに切って断面にしたもの。鳥瞰図は、空を飛ぶ鳥のように、地上を斜め上から見下ろしているような視線で表現されたもの。山の形や建物が立体的に表現できるので、視覚的に分かりやすい。

これ以外にも、地図には「気候図」「土地利用図」「交通図」のように、特定の目的にしぼって描かれた地図がある。ふつうの地形図を「一般図」と呼ぶのに対し、それらは「特殊図」と呼ばれる。

# 4
# 身近な「科学」の疑問に答えられますか？——理科

【基本編】

## 文系でも覚えておきたい理系の基本①——光の進み方

小学3年生で習う「光を集めよう」の授業は、どこの学校でも、子供たちが大騒ぎするほど、人気がある。虫メガネをつかって、太陽の光を黒い画用紙に集める実験で、そうするためには、太陽の位置と虫メガネの角度が大切になる。

最初の頃は、その加減がなかなか難しく、「光が一つに集まんない」「もっと傾けないとダメだよ」などと言い合っているが、やがて「わっ、煙!」「紙が焦げてきた」といった声が飛び交い、実験は大いに盛り上がっていく。

子供たちは、それまでの授業で、光というものが、まっすぐ進むことを知っている。そして、その速度は、真空状態で1秒間に30万キロ、すなわち地球を7周半するほど速いことも知っている。また、夏の砂浜が、太陽の光でアツアツになることなどを通して、太陽の光が熱を持っていることも知っている。

そのうえで、子供たちは、虫メガネで太陽の光を一点に集めると、画用紙を燃やすほどのパワーを持つことを知る。最近は、虫メガネだけでなく、水入りのペットボトルで実験を行う先生もいる。水入りのペットボトルを通しても、虫メガネのレンズと同様に太陽の光が屈折して一点に集まるからである。

また、光が水で屈折することは、水槽やビーカーに箸を入れても確認することができる。水中に斜めに入れた箸が、折れ曲がって見えるからである。これは、箸先に反射した光が水面にでるさい、屈折するからで、人の目には、箸先の位置が、じっさいの位置より水面近くにズレて見えている。そのため、箸先が折れ曲がったように錯覚するのである。この実験のことは、大人になっても覚えている人が多いはずである。

さらに、水中での光の屈折についての実験では、茶碗に水と10円玉を入れるという方法もある。茶碗の底の10円玉に反射した光が、水面を出るさい、屈折する。そのため、10円玉が実際の位置より水面近くに見え、錯覚で10円玉が浮かびあがったように見えるのである。

光の進み方の勉強では、「プリズム」を使った実験もする。プリズムは、ガラスできた三角柱で、その一方から日光を入れると、7色（赤、だいだい、黄、緑、青、藍、紫）の光に分かれて出てくる。この実験によって、日光がプリズムを通ると、入るときと出るときの2度屈折すること。そして、その屈折率の違いで、日光に含まれる7色が別々に出てくることを学ぶ。

さらに、このプリズムによる実験が、虹の原理であることも学ぶ。虹は、日光が雨粒を通過する際、2度屈折することによってできる。虹は、日光が雨粒を通過しないと出来ないので、大空に架かる虹は、つねに太陽とは反対側にできることになる。

## 文系でも覚えておきたい理系の基本②——音の伝わり方

こんな経験をご記憶の方もいるだろう。遠足で、田畑の広がる農村を歩いていると、遠くで、農家のおじさんが杭を打つ作業をしていた。おじさんの動きを見ていると、杭を打つ動作と、聞こえる「トン」という音がズレている。おじさんが木槌を振りおろし、杭を打った後、その木槌が再び宙に上がる頃、「トン」と聞こえる。それを見ながら、当時の先生が、「音と光は、進む速さが違うんだ。光より音の方が遅いから、『トン』という音が後で聞こえるんだよ」と教えてくれた――。

小学校の理科の時間では、次のような真空鈴を使った実験が行われてきた。それは、丸底フラスコに水を少し入れ、ゴム栓にガラス管を通し、鈴をつるして行う実験。フラスコを振ると、鈴の音が聞こえるが、フラスコを熱して湯気を出し、真空状態に近づけると、フラスコを振っても鈴の音は聞こえなくなる。この実験によって、音は空気を通して伝わることが確かめられた。

また、太鼓を叩き、その太鼓の近くに手や頬を近づけると、空気が振動していることが体感できる。そんな実験をすれば、誰かが「プールの水の中では、声を出そうとしても話ができない」と言い出して、授業が盛り上がり、最後にクラスのひょうきん者が「お風呂の中でおならをしても音が聞こえない」と言って大爆笑となる――音の伝わり方を学ぶ授業では、そんなことが全国の小学校で繰り広げられてきたものだ。

そういえば、音の伝わり方の授業では、「救急車のピーポー」もよく話題になった。近づいてくる救急車のピーポーは高い音なのに、すれ違って去っていくと、ピーポーという音が低くなるという現象である。小学生にとって、なぜ、そう聞こえるかという原理を理解するのは難しいだろうが、その現象を「ドップラー効果」と呼ぶという話は妙に耳に残るはず。「ドップラー効果」という言葉が、大人になってからも記憶に残っているという人は少なくないだろう。

## 文系でも覚えておきたい理系の基本③——熱の伝わり方

外国旅行に行って困ることの一つに、温度の表示法が日本と違うことがある。日本など多くの国では、「20℃」「30℃」のように「摂氏」で表されるが、アメリカやイギリスでは、「68°F（°Fは華氏の記号）」「86°F」のように「華氏」で表される。なお、「68°F」は摂氏20度、86°Fは摂氏30度のことである。

摂氏は、スウェーデン人のアンデルス・セルシウスが、1742年に考案した方法に基づいている。その後、改良され、現在では水の凝固点を0℃、沸点を100℃として、その間を100等分する。一方、華氏は、ドイツの物理学者ガブリエル・ファーレンハイトが、1742年に提唱した方法。華氏では、水の融点を「華氏32度」、沸点を「華氏212度」として、その間を180度に区切っている。

1960年代までは、多くの英語圏の国々で華氏が使われていたが、ポンド・ヤード法からメートル法への切り替えの一環として、ほとんどの国は華氏から摂氏に切り替えた。ところが、アメリカやイギリスを中心に、今も華氏にこだわる国が残っているのだ。

さて、温度の高いものと低いものがふれ合うと、熱はかならず温度の高いものから低いものへ向かって移動する。その結果、温度の高いものの温度が下がり、低かった方の温度が上がって、最後には両方の温度は同じになる。

その熱を数量的に表したものが「熱量」で、単位は「カロリー」である。1グラムの水の温度を1℃だけ上げるのに必要な熱量が「1カロリー」と定められている。

以上のように、熱がモノを伝わっていくことを「伝導」と呼ぶ。金属は、どれも熱をよく伝えるので「良導体」と呼ばれる。金属のなかでも、もっともよく伝えるのが銀で、以下、主な金属をあげると、銅、アルミニウム、鉄の順になる。反対に、熱を伝えにくいモノとしては、木、プラスチック、空気、そして水がある。

ただし、水は、熱せられて温かくなると浮き上がり、冷たい水が底へ行く。そのため、熱源を下に置き、水を上下にぐるぐる回す（「対流」と呼ぶ）と、全体が早くあたたまる。

現在の風呂釜は、このような対流が起きるような作りになっている。１９６０～70年代のガス式風呂釜では、お湯の上の方ばかりが熱くなり、下の方が冷たかったため、入る前にはお湯をかき混ぜなければならないものだった。現在、そういう必要がないのは、自動的に対流現象が起きるような仕組みになっているからである。

また、パスタやラーメン、うどんを茹でるさい、大きな鍋を使うのが好ましいのは、その方が対流が起きやすいからである。

## 固体と液体と気体の関係についてのおさえたいポイント

物質の状態には、固体、液体、気体の三つがある。そして、通常、物質の温度を上げると、固体から液体、気体へと順番に状態が変わる。といえば「人間の体も？」と疑問に思う人もいるかもしれないが、そんな恐ろしい話は小学校で習わない。

さて、氷や鉄のような固体が熱せられ、溶けて液体になることを「融解」といい、固体が融解するときの温度を「融点」という。氷の融点は0℃で、鉄の融点は1535℃、金は1064・43℃、アルミニウムは660℃である。

では、液体の温度が上がって、気体になることを何というかというと、これは「気化」。気化には、洗濯物が乾くときのような「蒸発」と、お湯が煮えくり返るときのような「沸

## ■物質の状態変化とは？

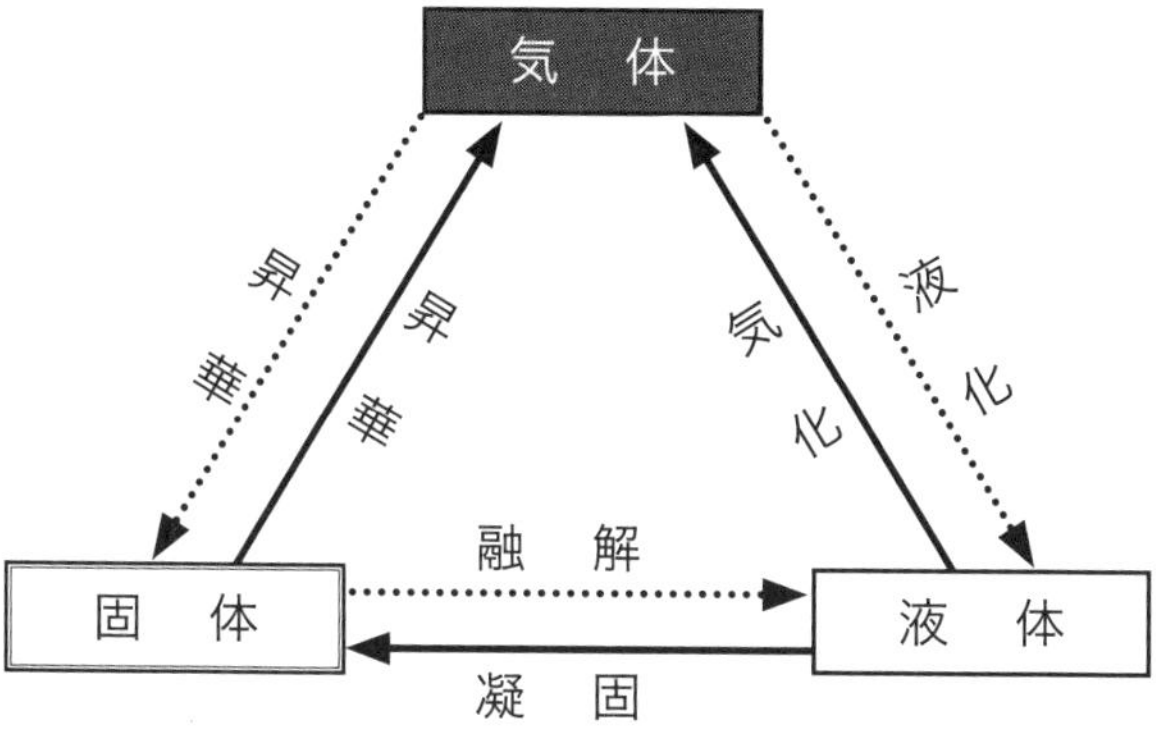


騰」の2種類がある。液体が沸騰するときの温度を「沸点」という。

反対に、気体が冷やされて、液体になることを「液化」という。たとえば、夏に冷やしたペットボトルを外に出しておくと、ペットボトルの周りに水滴がつく。これは周りの空気が冷やされて、液化したためである。

一方、液体が冷やされて固体になることを「凝固」という。そして、その温度を「凝固点」という。水の凝固点が0℃であるように、物質の凝固点はそれぞれ決まっており、当然ながら「融点」と同じである。

さらに、固体が熱せられ、液体を経ずして、直接気体になることを「昇華」という。反対に、気体が冷やされて直接固体になることも昇華だ。昇華しやすい物質には、「ドライアイス」「ヨウ素」などがある。

## 温度によって、モノが膨張したり収縮したりするのは？

街で見かける電線は、少したるみを持たせて張ってある。これは、冬場、気温が下がって電線が縮んだとき、ピンと張って切れるのを防ぐためである。

また、鉄道のレールは、レールとレールの継ぎ目が、少し隙間をあけてつながれている。これは、夏場、気温が上がるとレールが伸びて、レール同士が強く押し合って曲がるのを防ぐためだ。ちなみに、列車のガタン、ゴトンという音は、レールの継ぎ目に隙間があるために発生する。だから、線路が縮んで継ぎ目の隙間が広くなる冬場の方が、ガタン、ゴトンという音は大きくなる。

電線やレールといった個体に限らず、気体も液体も、基本的には、温度が上がれば膨張し、温度が下がると収縮する。

小学校では、注射器に空気を入れて密閉し、それをビーカーで熱すると、注射器のピストンが押し上げられるといった実験を通して、その事実を確認する。

その一方、気体が膨張しても収縮しても、気体全体の重さは変化しない。そのため、気体が温められると、同じ体積で比べた重さは軽くなる。反対に冷やされると、同じ体積なら重くなる。

ただし、水の場合、その体積は４℃のとき最小になり、４℃より低くなっても高くなっても膨張する。最も収縮した４℃の水は、同じ体積で比べると、重さが最大になる。たとえば、冬場、外に出した水槽や池の底にたまっている水は４℃に近い。４℃の最も重い水が底にたまり、より冷やされ、比較的軽くなった水が水面に集まっている。

また、ご存じのように、水は凍っても体積が増える。水は冷やされると、４℃のとき、分子が最も緊密に集まるが、それ以下になると、再び分子間に隙間ができるようになる。０℃となって凍ると、分子間の隙間がより広くなって、体積が膨張するのである。

最近は、猛暑が続くこともあって、ペットボトルを凍らせる人が増えているが、ペットボトルには「凍らせないでください」と注意が書いてあるものもある。中身を満タンにして凍らせると膨張して、落としたり、ぶつけたりした衝撃などで、ペットボトルが破損する可能性があるからだ。メーカーによっては、キャップが水色の凍らせてもよいペットボトルを販売している。また、膨張による破損防止のため、中身を半分か、３分の２くらいにしてから凍らせている人もいる。

ちなみに、温度をマイナス10℃に設定した冷凍庫で、オレンジジュースなどを半分ほど入れたペットボトルを2時間冷やすと、中の液体は凍っていないのに、ペットボトルはよく冷えた状態になる。そこで、ペットボトルを振るなどの衝撃を与えると、水の分子が急激にくっつき、中のオレンジジュースがフローズン状態になる。まるで手品みたいで、小学生の前で実演すると、大ウケとなる。

## 電池、豆電球のつなぎ方しだいで、明るさはどう変わるか

政治問題から教育問題、文化論などを得々と語る人が、電気や機械の話になると、急に無口になることがある。文系の人には、電気の「デ」と聞くだけで、頭が痛くなってしまう人がいるものだが、文系の人も高度な知識はともかく、小学校で習うくらいの基礎の基礎はおさえておきたい。

小学校では豆電球と電池を使って電気について学ぶ。電池に豆電球をつなぐと、電池の＋極から豆電球を経て、電池の－極まで電流が流れる。電流は、つねに＋極から－極へ向

かって流れ、その道筋が「回路」と呼ばれる。回路が途中で切れていれば、電流はとぎれてしまい、豆電球は灯らない。

また、その回路が枝分かれせず、一本道になったつなぎ方を「直列つなぎ」という。その直列つなぎの中でも、回路の一本道に複数の豆電球をつないだものを「豆電球の直列つなぎ」という。直列つなぎでは、電流が豆電球をつぎつぎに通っていくので、豆電球の数が増えると、流れる電流は減っていく。そのため、豆電球の明かりは暗くなるが、電池は長持ちする。

これに対して、一本道の回路に、電池の方を複数つなぐことを「電池の直列つなぎ」という。その場合、第1の電池の－極に、つぎの電池の＋極をつなげば、電池の数が増えるにつれ、電流の強さは2倍、3倍となっていく。その分、豆電球は明るくなるが、電池切れは早くなる。

一方、回路が枝分かれし、電流が分かれて流れるつなぎ方を「並列つなぎ」という。「豆電球の並列つなぎ」は、つないだ豆電球によって、電流の流れる道を別々にしたものだ。豆電球の数が増えても、豆電球を流れる電流の強さは変わらないので、それぞれの明るさも変わらない。しかし、電池は早く切れる。

また、直列つなぎの場合は、複数つないだ豆電球の一個をはずしたり、切れたりしたら、回路が切断されて、すべての豆電球がつかなくなる。それに対して、並列つなぎの場合は、回路が豆電球ごとに別々となっているので、一個がはずれたり、切れたりしても、他の豆電球に影響はない。

「電池の並列つなぎ」は、複数の電池の＋極同士、－極同士を結ぶ。この場合、電池の数を増やしても、豆電球の明るさは変わらず、個々の電池から流れ出る電流の強さは2分の1、3分の1…と減っていく。その分、電池が長持ちし、また電池を1個はずしても豆電球は消えない。

この程度のことを知っているだけで、小さな子供や孫が「おもちゃが動かなくなった」と持って来ても、とりあえず大あわてすることはなくなるはずだ。

## 考えてみればかなりフシギな「振り子」の性質

振り子に関する研究で、記録に残る最古のものは、１０００年頃のアラブ人イブン・ユーヌスの研究だが、本格的な研究は、17世紀になってから、ガリレオによって行われた。

ガリレオは、ピサの斜塔でシャンデリアが揺れるのを見て、振り子の「等時性」を発見したといわれる。

「等時性」とは、振り子の軸となる棒や糸の長さが同じ場合、振れ幅がどんなに大きくなっても小さくなっても、往復にかかる時間、つまり振り子の周期は同じという性質のこと。ガリレオは、晩年、この等時性を利用して「振り子時計」のアイデアを思いついた。実際に製作したのは、1650年代、オランダの物理学者クリスティアーノ・ホイヘンスである。

童謡に歌われた『大きな古時計』が、その振り子時計の代表だが、その後、より正確な機械時計やクォーツ時計が発明され、振り子時計は衰退していった。それでも、アンティークな趣きがあることから、いまも愛用している人がいる。

小学校では、5年生の理科で、振り子が1往復するのにかかる時間を測定することで、振り子の等時性について学ぶ。

また、おもりの重さや糸の長さを変え、1往復の時間を測ることで、等時性以外の振り子の性質についても学んでいく。たとえば、同じおもりで糸の長さを変え、同じ振り幅で揺らすと、糸の長い振り子の方がゆっくりと揺れ、1往復にかかる時間が長くなる。糸の長さを4倍にすると、1往復にかかる時間が2倍になり、糸の長さを9倍にすると、1往復にかかる長さが3倍になる。

つぎに、糸の長さは同じで、おもりの重さを変えてみても、1往復にかかる時間は同じになる。つまり、振り子の揺れる速さは、おもりの重さとは関係ないというのも、振り子の性質の一つである。

## なぜ月が満ちたり欠けたりするのか、答えられますか？

さて、ここで問題です。

「地球から見た月の大きさと、太陽の大きさはどちらが大きいでしょうか？」

太陽は地球から約1億5000万キロのところにあって、太陽の直径は約140万キロ。これに対して、月は地球から約38万キロの位置にあって、その直径は3474キロだ。

答えは、地球から見える太陽と月の大きさは、ほぼ同じになる。

では、第2問。

「地球から見える月の模様が、いつも同じなのは、なぜでしょうか？」

月の模様がクレーターという窪みによるということはご存じだろうが、その模様が、地球から見ると、いつも同じに見えるのは、月が自転しながら、地球のまわりを公転しているからである。その周期はどちらも同じ（約27・3日）で、月は地球の周りを1回公転する間に1回自転する。そのため、月はいつも同じ面を地球に見せているので、地球から見える模様は同じになるのである。したがって、地球から月の裏側を見ることはできない。そのため、満月を見ると、いつもウサギが餅をついているように見えるのである。

その月は、太陽の光を反射して光っている。だが、前述したように、月は地球の周りを公転しているので、地球から見える角度は毎日変わってくる。そのため、地球から月の見える角度によって、月の満ち欠けが起きることになる。

まず、太陽が月と同じ方向にあると、日光の陰になって月は見えない。これが「新月」だ。月の右端が少し光ると「三日月」となり、右半分が光ると「上弦の月」となる。月が太陽と反対側に来れば、月の半面全体が照らされ「満月」となる。さらに、月の左半分が光ると「下弦の月」である。

「日食」は太陽と地球の間に月が入り、この3つが一直線に並ぶときに起こる。月の影が地球に届き、その影の中から太陽を見ると、太陽の一部が欠けたように見えたり、太陽がまったく見えなくなったりする（皆既日食）。

月が、太陽と地球の間に入るということは、太陽と月が同じ方向にあるということなので、日食は必ず新月のときに起こる。ただし、日食が起こるのは、太陽と地球と月の三つが一直線に並ぶことが条件なので、新月のたびに日食が起こるわけではない。

また、「月食」は、太陽と月の間に地球が入り、この三つが一直線に並ぶときに起こる。地球の影の中に月が入ることで、月の光っている部分の全部か一部が欠けてみえる。

## 太陽はどうやって動いているか、答えられますか？

太陽は、表面温度が約６０００℃という高温の気体でできており、自分自身で光を発する恒星の一つである。

では、太陽は自転しているのだろうか。正解は「している」。約25日間という周期で東から西へ回っている。ただし、地球から肉眼で太陽の自転を見ることはできない。

一方、太陽は、毎日、東の地平線から出て、南の空を通り、西の地平線へ沈んでいく。そうした太陽の１日の動きを「日周運動」と呼んでいる。

といっても、本当に太陽が動いていると信じられていたのは、16世紀までのことである。当時の人々は、太陽や星が動くという「天動説」を信じていた。そんな時代に、カトリック教会の司祭だったニコラウス・コペルニクスが、天動説と真っ向から対立する「地動説」を唱えたのである。

ただし、地動説自体は古くからあった。コペルニクスが地動説に着目したのは、当時のユリウス暦が、実際の1年と約10日ずれていたからである。春分の日を祝祭日としていたキリスト教徒にとって、暦のずれは大きな問題だった。

そこで、コペルニクスは、古代に地球の公転説を唱えたアリスタルコスの研究などを踏まえ、改めて検証した結果、地球は太陽の周りを1恒星年365・25671日かけて公転しているという結論に達したのである。この「コペルニクス的転換」をきっかけに、地動説はその後、紆余曲折はあったにせよ、世界に広まっていった。

それなのに、地上から見上げると、まるで太陽が動いているように見えるのは、地球が、地軸を中心に1日1回、西から東へ自転しているからである。太陽は自転していても、公転はしていない。その位置にとどまっているため、自転する地球から見ると、太陽が東から昇り、西へ沈んでいくように見えるのである。

また、太陽は、1年のうちでも、春分と秋分の日には真東から昇り、真西へ沈むように見える。さらに、夏至には、1年で最も北に寄った位置から昇り、正午には1年でもっとも高くまで昇り、もっとも北に寄った位置へ沈む。反対に、冬至の日には、1年でもっとも南に寄ったところから昇り、正午の南中高度は1年でもっとも低く、そして最も南に寄ったところへ沈む。

これは、地球が地軸を傾けたまま公転しているためである。その地軸が、垂直より23・4度傾いているので、夏至と春分、秋分の日、あるいは冬至と春分、秋分の日の南中高度は23・4度変わってくる。太陽が、1年を通じて軌道を変えているように見えるのは、地球自身の事情のためなのだ。

## なぜ地球は丸い形になったのか、答えられますか？

もしも地球が四角だったら、人類はどうなっていただろう？　サイコロのような直方体だったら、まず船の航行は大変だっただろうし、容易に大陸間の交流ができず、歴史はまったく異なるものとなっていたに違いない。また、直方体が自転しながら、太陽の周囲を公転していると、影の影響で、東から順に夜が明けることもなかった。昼と夜とのバランスもまったく変わっていたはずだ。

地球が現在のような球体となったのは、ガスや宇宙塵が集まって、微惑星が形成され、それらが衝突を繰り返しながら成長したからといわれている。

といっても、この地球や太陽系の形成については、いくつもの仮説がある。その中で、もっとも広く受け入れられているのが「降着円盤モデル」である。

まず、宇宙塵が太陽の周囲をゆっくりと回り始め、その中で衝突してはくっつくということを繰り返し、直径1～10キロの塊がいくつもできた。その際、揮発性のガス分子が凝縮するには温度が高すぎて、鉄やニッケル、アルミなど融点の高い物質が固まったので、地球は岩石質な惑星となった。

直径1～10キロの塊がいくつも、その後数百万年に渡り、太陽の周りを回りながら衝突を繰り返して原始惑星となった。この原始惑星は、当初50～１００個あったと考えられ、その後数億年かけて、衝突や融合を繰り返した。

また、その間に、地球は、石が、川の流れに運搬されながら、角が削られ、丸みを帯びるのと同じように、角が削られ、丸みをおびて、現在のような球形となった、と考えられている。

## この基本を知れば「天体観測」がもっと楽しくなる！

一般に、「恒星」と呼ばれているのは、天空で自ら発光するガス体のことである。古代エジプト文明やインカ文明の時代には、すでに天体観測が行われ、その運行による暦が作られ、農作業などに利用されていた。古代ギリシアの哲学者タレスは、夜に空を見上げながら歩いていてころび、周りの者に笑われたが、翌年、星の運行から穀物の作柄を予想し、投機で大儲けして見返したというエピソードを残している。現在に伝わる占星術も、星の動きを観察することから発達した。

しかし、現実には「恒星」はほとんど動いていない。「恒星」という呼び名は、天球に「恒常的に固定された星」という意味でつけられた。

星が動いているように見えるのは、太陽が動いていると錯覚するのと同様に、地球が自転しているためである。

ただし、天体観測のモデルとしては、地球をつつむ大きな球面に星がはりついている形で表される。そして、その星のはりついた球面が、地球の周りをまわっているとする。その仮想の球面は「天球」と呼ばれている。

天球は、天の北極と天の南極を結ぶ線（＝地球の回転軸を伸ばした線）を軸として、1日1回、東から西へまわっている。恒星はすべて天球にはりつき、天球と一緒に回るので、星たちの動く道筋はすべて並行である。そして、観測者が空に星を見るのは、星が地平線より上に現れる夜間だけとなる。

北極星は、天球の回転軸（＝地球の回転軸）を北極側に延長した線のごく近くに位置している。そのため、地球上から見ると、北極星自体はほとんど動かず、その周りの星が北極星の周囲を周回移動しているように見える。そんな特性から、北極星は、古代から天体観測の基準点とされてきた。

また、東の空の星は、地平線から現れると、右上がりに昇っていくように見え、反対に、西の空の星は右下がりに動いて地平線下へ沈んでいく。

一方、毎日、同じ時刻に星を見ると、星の位置は、日周運動の向きに少しずつずれ、1年後、元の位置に戻る。これを「星の年周運動」と呼ぶ。本来はじっとしている星が、このように見えるのは、地球が太陽の周りを1年かけて公転しているからである。

## そもそも風はどこから吹いてくるのか

小学生のとき、線香をつかった実験によって、風の吹く原理を習ったことをご記憶だろうか？

水槽のような透明な箱の底に、黒い紙と白い紙を敷き、上から電球で照らす。そして、火のついた線香を箱の中へ差し込むと、黒い紙の上では、線香の煙は上昇し、白い紙の上では下へさがる。そして、箱の底では、白い紙から黒い紙に向かって煙が流れていく。

そもそも、黒い紙と白い紙では、黒い紙の方が熱を吸収しやすい。そのため、電球から発する熱で早く温まり、紙の上の空気も温まる。暖かい空気は、冷たい空気より軽いので、上昇していき、黒い紙の上の気圧が低くなる。気圧は空気がモノをおす圧力のことであり、気圧の下がった黒い紙の上へ、白い紙の上など周囲から空気が流れ込むというわけである。

じつは、自然界の風も、基本的にはこのようなメカニズムで発生している。たとえば、夏の強い日差しで地面が温められると、その周囲の空気も温まり、強い上昇気流が生まれる。すると、その温かな空気が上昇して、その隙間に他の空気が入り込んで、風が生まれるというわけである。また、温かい空気が上空に昇って急激に冷やされると雲を作り、雨を降らせるというわけである。

一般に、周りより気圧の低いところを「低気圧」といい、低気圧の中心には上昇気流がある。雲ができやすいので、天気は悪くなる。また、低気圧へは、周りから風が吹き込むが、地球の自転の影響で左回りに吹き込む。強い低気圧である台風の周囲では、風が左回りに吹くのは、そのためである。

それに対して、周りより気圧の高いところを「高気圧」といい、高気圧の中心には下降気流があって雲ができにくいので、晴天になる。また、高気圧からは、地球の自転の関係で右回りの風が吹き出している。

東京では、夏の昼間、海からは距離がある地域なのに、潮の香りがすることがある。これは、昼間の日差しで都内の気温が、東京湾上の気温より高くなって、空気が上昇。その後へ、海からの空気が流れ込むためである。

また、海に近い甲子園球場で、ライトからレフト方向へ「浜風」が吹くのは、つぎのような理由からだ。夜になると、海水の方が陸地よりも冷めにくいため、陸の方が海よりも早く温度が下がる。すると、海上の空気の方が相対的に温かくなって上昇気流ができ、その後に陸から海に向かって風が吹く。その風が「陸風」と呼ばれる。甲子園の浜風は、この陸風の一種である。

また、朝方と夕方、陸上と海上の空気の温度が、ちょうど同じくらいになるときがある。そのとき、どちらの空気も上昇せず、一次的に風がやむ。この現象を「凪《なぎ》」と呼ぶ。

## 雲は水の集まりなのに、なぜ宙に浮かんでいる?

南米、チリ北部の太平洋岸には、南北約1000キロにわたってアタカマ砂漠が広がっている。年間降水量は10ミリにも満たず、この砂漠にあるチュングンゴという小さな村では、水をトラックで運んで暮らしてきた。

その水を各家庭に分けると、ドラム缶一杯分で、生活に使うと2週間分である。飲み水や料理に使う水を優先するので、シャワーや洗濯もままならなかった。一帯の山々には、早朝、濃い霧が発生するものの、強烈な太陽熱のため、昼までには蒸発していた。

そんな乾いた村で「霧取りプロジェクト」が始まったのは1990年頃のことだ。チリ、カナダの政府と研究者たちが、地表に木の杭を打ち込み、その上に細かい網の目の黒い幕を張った。すると、水滴が網目伝いに落下し、1日あたり1万5８０リットルの水を確保できるようになった。各家庭には毎日１２０リットルの水が供給され、今では野菜作りまでできるようになっている。

霧からそれほどの量の水が採取できるのは、霧が水滴の集まりだからである。霧と雲の違いは地表とつながっているかどうかにあり、雲も水滴の集まりである。

といえば、雲が水滴の集まりなら、引力にひっぱられ、雨となってすぐに地上に落ちて来てもよさそうだが、なぜ雲は宙に浮かんでいるのだろうか？

答えは、同じ水滴でも、雨と雲では粒の大きさが違うからである。一般的な雨粒の直径は約1ミリ、霧雨の粒の直径でも約０・1ミリある。これに対して、雲の粒は０・０1ミリで、霧の粒はもっと小さい。水滴が小さくなるほど、相対的な空気抵抗は大きくなり、落下速度は遅くなる。水滴が小さければ小さいほど、宙を漂いやすいというわけである。さらに、雲の中では上昇気流が発生し、雲粒を押し上げているので、地上から見ると、雲は宙に止まってみえる。

この雲粒がぶつかり合って大きくなると、落下速度が上昇気流を上回り、雨となって地面まで落ちてくる。

## リトマス紙で調べた酸性、アルカリ性って何のこと?

小学生のとき、食酢や果汁のように、スッパイ味のするものが「酸性」で、草木を燃やした後にできる灰を水に溶かした「灰汁《あく》」のように、苦い味のするものは「アルカリ性」だと教えられた。と同時に、といっても、性質がわからない水溶液の味をうかつに調べてはいけませんよと注意された。

その後、大人になると、野菜や果物、海藻、キノコ、大豆などが「アルカリ食品」で、肉類や魚類、卵、砂糖、穀類は「酸性食品」とされ、なんとなくアルカリ食品の方が体によいという話を聞いたりする。また、「赤ワインは、体内をアルカリ性にする」とか、「アルカリイオン水は体によい」とか、「酸性雨で森が破壊される」といった話題も耳にする。

そもそも、この「酸性」と「アルカリ性」って、どういうことなのだろうか?

酸性とアルカリ性は水溶液の性質のことで、「酸」とは水素イオンを放出し、pH値が「中性の7」より下を示す化合物のこと。酸性の水溶液としては、酢や炭酸水、ホウ酸水、塩酸、硫酸などがある。

これに対して、「アルカリ」は、水酸化物イオンを放出し、ｐＨ値は「中性の７」より上を示す。アルカリ性水溶液には、石灰水やアンモニア水、水酸化ナトリウム（苛性ソーダ）水溶液、水酸化バリウム水溶液などがある。

水溶液の酸性とアルカリ性は、「リトマス紙」を使って調べる。

青色のリトマス紙を酸性の水溶液につけると赤色に変化するが、中性やアルカリ性の水溶液では変化しない。また、赤色のリトマス紙は、アルカリ性の水溶液につけると青色に変化するが、中性や酸性では変化しない。ただし、中性ではリトマス紙の色が変化しないため、中和点を正確に判断することはできない。

ちなみに、酸性食品とアルカリ性食品の体や健康に与える影響については、科学的に実証されたデータに乏しく、現在では、あまり意味がないというのが多くの専門家の見解となっている。

【発展編】

## 気温と湿度と過ごしやすさの微妙な関係

１９７０年代から80年代にかけて、夏の甲子園大会に出場した野球部部員は、監督や顧問の教師から「寝るとき、クーラーをつけると体調を崩すから、クーラーを止めること」と注意されたものだ。

一方、いまでは、高校野球に限らず、遠征チームは、部屋のエアコンをつけて寝るのが当たり前である。それだけ、エアコンが家庭に普及し、エアコンに慣れた高校生が増えたのだろう。今では、湿度が高めで蒸し暑い甲子園球場周辺で、エアコンをかけなければ、かえって体調を崩す選手が続出することだろう。

さて、湿度とは、空気中に含まれる水蒸気の量が、そのときの温度における飽和水蒸気量の何％にあたるかを表した数字である。

そもそも、空気は、含むことのできる水蒸気量に限度がある。そして、空気1立方メートルに含むことができる最大の水蒸気量を「飽和水蒸気量」という。これは、気温が高くなるほど多くなり、気温が低くなるほど少なくなる。そのため、多量の水蒸気を含んでいた空気の温度が下がると、飽和水蒸気量が少なくなって、水分を含みきれなくなる。すると、水蒸気が細かな水滴となって、雲や霧になる。

つまり、湿度とは、そのときの温度で、空気1立方メートルに含める水蒸気の最大量のうち、じっさいには、どのくらいの割合の水蒸気が含まれているかを計算したものということになる。

ただし、大阪で「暑っついなあ、この蒸し暑さは日本一やで」と言っていた8月のある日、大阪の湿度は意外に低くて66％だった。そこで調べてみると、札幌75％、東京73％、福岡72％と、大阪よりも高かった。つまり、大阪の湿度は、同じ日、人々が快適に過ごした札幌よりも低かったのである。

そんな〝数字のマジック〟が起こるのは、気温が高くなるほど、飽和水蒸気量が増えるからである。同じ日の気温を見ると、札幌は25℃、大阪は35℃だった。25℃の飽和水蒸気量は、1立方メートル当たり23グラムなのに対して、35℃の場合は39・6グラムとなる。

当日、湿度が75％だった札幌は、大気1立方メートル中に17・25グラムの水分を含んでいた。一方の大阪は、26・13グラムも含まれていた。しかも、気温が35℃もあるため、外出すると、モワッとした空気が体にまとわりつき、「暑っついなあ」と言いたくなる気候になったのである。

## 「川の水の働き」を頭のなかでイメージできますか？

日本の河川で、距離の長いベスト3は、どの川かわかるだろうか？ 1位が信濃川（367キロ）、2位が利根川（322キロ）、3位が石狩川（268キロ）である。

では、日本の河川で、流域面積ベスト3はどこかわかるだろうか？ 1位は利根川（1万6840平方キロ）、2位は石狩川（1万4300平方キロ）で、3位信濃川（1万1900平方キロ）である。距離と流域面積で、ベスト3の順番は変わっても顔ぶれは変わらない。

川は、地形に対して3つの作用をおよぼす。地面や山を削る「浸食作用」、土や砂を運ぶ「運搬作用」、そして運搬してきた土砂を積もらせる「堆積作用」である。

川による浸食作用の例としては、富山県の黒部峡谷がある。黒部川上流の激しい水の流れが、長い年月をかけて両岸を削り取り、切り立つ断崖絶壁の谷を作り上げた。こうしてできた深く、険しい谷は「V」字に見えることから「V字谷」と呼ばれている。

川の運搬、堆積作用でできた地形としては、扇状地や三角州がある。扇状地は、川が山あいから急に平地に出たため、流速が遅くなり、運んできた土砂を堆積させて扇形の地形をつくった場所。山がちな日本では、よく見られる地形である。

扇の頂き部分は山の近くにあり、峠越えの宿場町として栄えるケースが多いが、扇の中央部分は水の欠乏地となり、水田耕作には適さない。戦前は桑畑、戦後は果樹園が営まれるケースが多い。扇の先端部では湧水が多く、水を得やすいので、古くから集落や水田地が発展してきた。

一方、三角州は、大きな川の河口付近で流速が非常に遅くなり、積もった土砂によって新しい土地（島）となったところである。土地が三角形をしていることが多いので、「三角州」と呼ばれている。

日本の代表的な三角州としては、太田川とその支流によって形成された広島市、阿武川とその支流によって形成された萩市などがある。また、三角州はギリシア文字の「Δ《デルタ》」に似ていることから、世界的には「デルタ」と呼ばれている。

## そういえばそうだった！「地層」の話

東日本大震災の本震と余震活動で、震源のほぼ真上に位置する宮城県沖約１３０キロの地点が、震災前に比べて、東南東へ約24メートルも移動したという。また、震源の約40キロ西側の地点では約15メートル、福島県沖では約15メートル、それぞれ東南東へ移動していた。と同時に、富士山の直下で地震活動が一時的に活発化。富士山北西斜面の標高約２０００メートルの地点が、北方向へ隆起したといわれている。

というように、今も地球は活発に活動しているわけだが、何百万年、何億年という長いスパンで見ると、その動きはさらにすさまじい。

かつては海底だったところが山になっていたり、反対に山が海底になっていたりする。たとえば、海岸近くの陸地が大きく沈降し、谷が海面下に沈むと、凸凹の多い複雑な地形になる。それが、三陸海岸などでみられる「リアス式海岸」である。

そうした地球の表面を構成している地層は、粘土や砂、小石などが、水や風の力によっ

**■地層はどう変化する？**

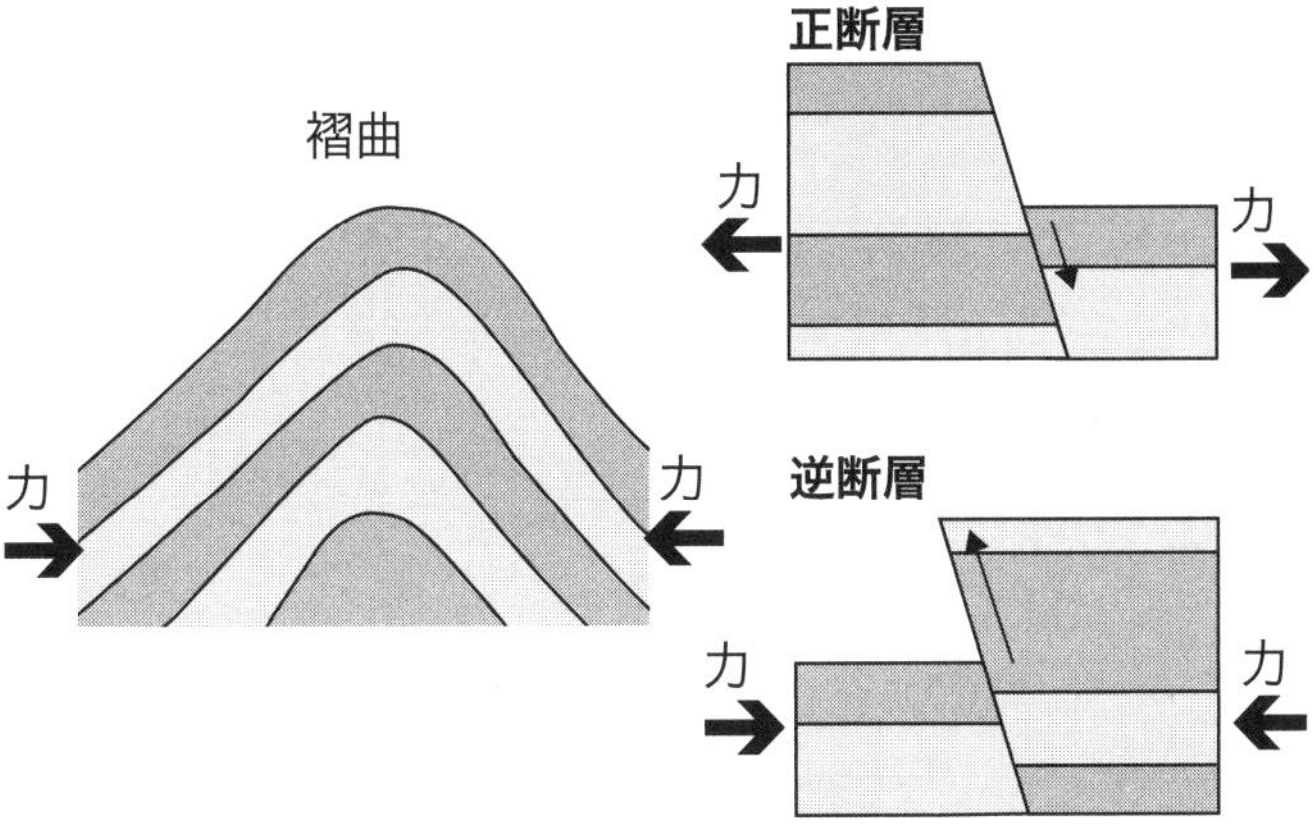


て運搬され、堆積してできた層である。

地層は、長い年月をかけて形成され、やがて畳を何枚も重ねたような縞模様が生まれる。その1枚1枚を「単層」といい、単層は数センチから数十センチの厚さがある。

また、単層と単層の間の境界面を「層理面」といい、この層理面を境に、周辺の環境や地盤に何らかの変化があった可能性を示す。

地層は、通常、以前に堆積したものの上に、順に積み重なっていく。そのため、重なっている二つの地層のうち、下の地層の方が上にある地層より古い。この法則を「地層累重の法則」と呼ぶ。

その一方で、地層が長期にわたって横から押され、波のような形に変形したり（褶曲《しゅうきょく》という）、地層が垂直に立ったり、逆転していることもある。その場合、単層に含まれる石や砂の大きさを比べたり、化石などを手がかりに、地層の順番を決めていく。

また、地層は、地震などによって横から押されたり、引っ張られたりすると、切れてずれることがある。

日本列島は、東北・関東沖の日本海溝で、太平洋プレートが北アメリカプレートの下に沈み込む際、東西方向の強い圧力を受けている。

東北から近畿にかけての断層の多くは、その強い圧力を受けて地層がずれたものである。また、火山以外の日本の山は、横からの圧力で断層面の上側がずり上がる「逆断層」によって形成されたものが多くなっている。

## 石灰岩、玄武岩、花崗岩…岩石の違いがいえますか？

「大理石」をふんだんに使った白亜の殿堂といえば、古代ギリシアのパルテノン神殿、ローマのコロッセオ、インドのタージ・マハルなどが知られる。日本の国会議事堂の内装にも使われているほか、街の豪邸にも石材として用いられていることがある。

そもそも「大理石」は、石灰岩がマグマの熱を受けて再結晶した変成岩の一種。学術的には「結晶質石灰岩」と呼ばれ、石材として「大理石」と呼ばれている。その名前はかつて中国雲南省の大理市で良質の石を産出したことに由来する。

また「石灰石」は、炭酸カルシウムを50％以上含む堆積岩のこと。「堆積岩」は、海底に積もった小石や砂、泥などが、その上に積もったものの重みで押し固められてできた石のことだ。

「石灰石」は大きく分けて、有孔虫、ウミユリ、サンゴ、貝類などの生物が堆積してできたものと、水から炭酸カルシウムが化学的に沈殿してできたものの2種類がある。それらの石灰石が地下でマグマによって熱せられ、炭酸カルシウムが再結晶した岩石が、「結晶質石灰岩（大理石）」だ。日本でも各地で産出されているが、建築資材としては山口県美《み》祢《ね》市《し》産のものが、よく使われている。

石灰石以外の「堆積岩」には、小石（礫）の間に泥や砂がつまって固まった「礫岩《れきがん》」、砂がかたまってできた「砂岩」、泥が固まってできた「泥岩」、泥岩の一種でも、さらに強く押し固められ、板のように薄くてはがれやすい「粘板岩」、火山灰や火山砂が堆積してできた「凝灰岩《ぎょうかいがん》」などがある。

一方、マグマが冷えて固まってできた岩石は「火成岩」と呼ばれる。そのうち、マグマが地下の深いところでゆっくり冷え、数万年という時間をかけて固まったものを「深成岩」という。結晶が大きく、そのサイズがほぼ揃っているのが、深成岩の特徴だ。白っぽく見える「花崗岩」や灰色に見える「せん緑岩」、黒っぽく見える「はんれい岩」などがある。

これに対して、マグマが地表に流れだし、急速に冷やされて固まったものを「火山岩」と呼ぶ。結晶がうまくできず、固まった石基《せっき》の中に、結晶がうまったような造りが特徴である。白っぽく見える「りゅうもん岩」、灰色にみえる「安山岩」、黒っぽく見える「玄武岩」などがある。

## 哺乳類、爬虫類、魚類…常識としておさえたい動物の分類法

まず、問題です。

「コウモリは脊椎動物の中では、どの種類に属しますか?」

「脊椎動物」とは、背骨のある動物のことであり、「哺乳類」「鳥類」「爬虫類」「両生類(子はえら呼吸、親は肺呼吸)」、「魚類」の種類がある。

**■動物を分類すると…？**

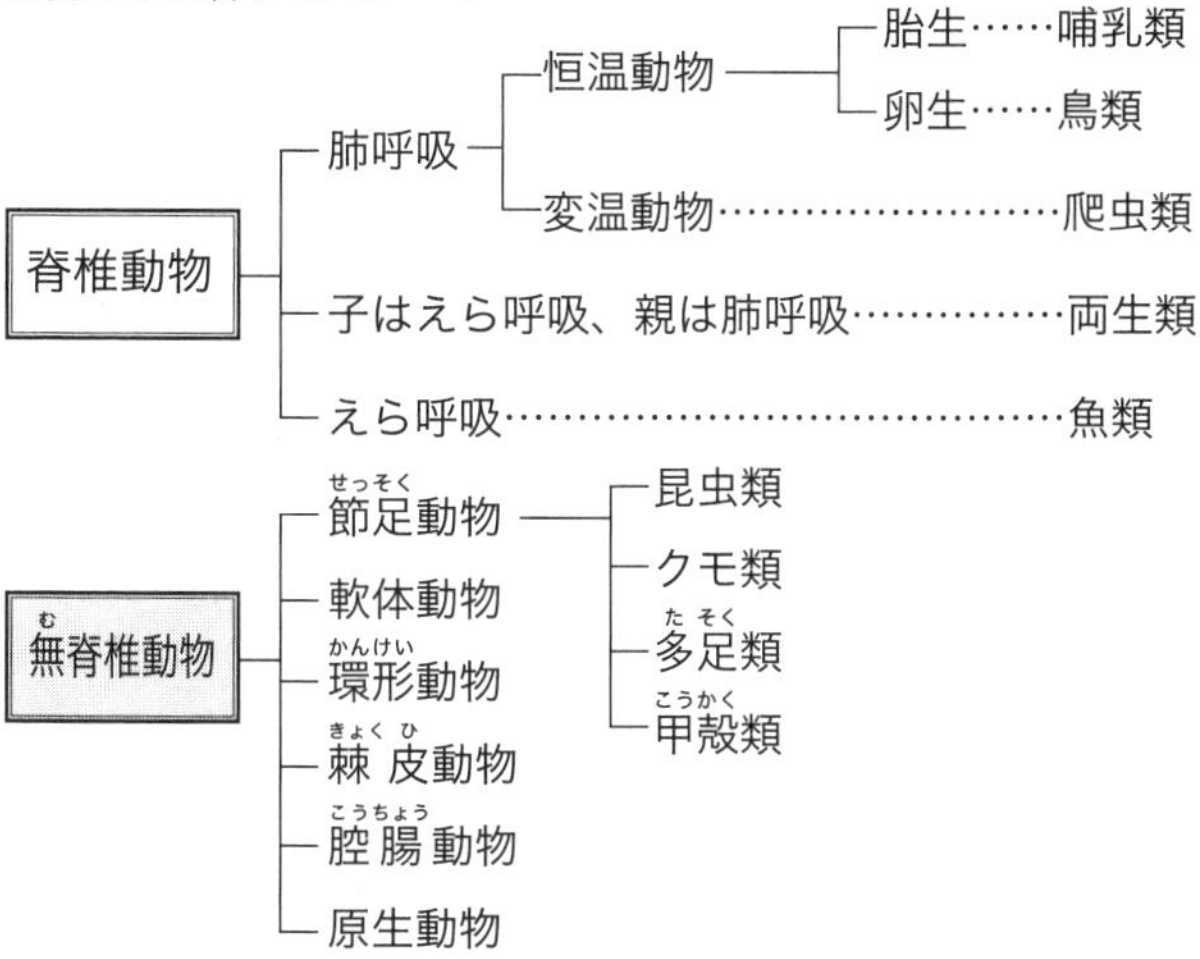


そして、冒頭の問題の答えは「哺乳類」。コウモリは、卵を産むのではなく、子を産む。コウモリの進化の過程は詳しくはわかっていないが、樹上生活をしていた小さな哺乳類が、枝から枝へ飛び移っている間に、飛行能力を身につけていったと考えられている。じっさい、コウモリの翼は鳥類の翼とは異なって、「飛膜」と呼ばれる伸縮性の膜でできている。コウモリは、羽のある哺乳類なのである。

反対に飛べない鳥には、ペンギン、ダチョウがいる。両者とも卵を産んで羽をもつ鳥類だが、ペンギンの翼はひれ状に退化している。首が短く、胴体を立てていることもペンギンの特徴だ。ただ、一般に短いと思われている脚は、じっさいには体内の皮下脂肪の内側で折り曲げられていて、見かけよりは長い。

ダチョウも翼はあるが、翼を動かす胸筋が貧弱で飛ぶことはできない。羽もあるが、その羽に軸がなく、ふつうの鳥類とは違っている。

一方、背骨のない「無脊椎動物」には、「節足動物」「軟体動物」「環形動物」「棘皮動物《きょくひ》」「腔腸動物」「原生動物」の種類がある。

「節足動物」は節のある脚をもつ動物で、「昆虫類」と「クモ類」、ムカデ、ヤスデ、ゲジなどの「多足類」、エビ、カニ、ザリガニなどの「甲殻類」がある。

「軟体動物」はやわらかい体をもつ動物で、イカ、タコ、ナメクジ、カタツムリ、貝類などがいる。

「外套《がいとう》」と呼ばれるヒダをもち、そこから炭酸カルシウムを分泌して殻をつける。この殻で、外敵からやわらかな体を守ったり、乾燥を防いだりしている。タコやイカ、ナメクジは、その殻を退化させた軟体動物である。

「環形動物」は、環《わ》がつながったような形の動物で、ミミズ、ゴカイ、ヒルなどがいる。

「棘皮動物」は、トゲのある皮をもつ動物で、ヒトデ、ナマコ、ウニなど。

「腔腸動物」は、体のすきま（腔）が腸となった動物で、クラゲ、サンゴ、イソギンチャクなど。

「原生動物」は、1つの細胞でできた原始的な動物で、ゾウリムシやアメーバなどがいる。

## 口から体に入った食べ物が「消化」「吸収」されるまで

乳幼児の〝誤飲事故〟で、大事になりやすいのは「たばこ」である。たばこは、乳幼児には2分の1〜1本で致死量となり、少量でも頭痛、嘔吐、痙攣、呼吸困難などを引き起こすことがある。

子供がたばこを誤飲したとわかったときは、すぐに救急車を要請し、病院へ連れていく必要がある。

他に、乳幼児がよく飲み込むのは、「医薬品・医薬部外品」「オモチャ」「プラスチック製品」などである。BB弾の玉のように小さなものは、翌日か翌々日、排便の際、一緒に出てくることがあるが、大きなものは消化器の中にとどまり、病院で摘出措置が必要な場合もある。

一般に、人間の口に入った食べ物は、口、食道、胃、小腸、大腸、肛門と通って消化、吸収、排泄される。

まず、口では、食べ物を歯でかみ砕いたり、唾液ででんぷんを麦芽糖に変えたりする。胃では、食物をもんでやわらかくするとともに、胃酸によって消化物を殺菌、腐敗を防ぎながら、内壁の胃腺から胃液が出て、タンパク質をペプトンに変える。

小腸は、消化された養分を吸収する。小腸は長さ6～7メートルの筋肉の管で、胃に近い方から十二指腸、空腸、回腸と分かれている。小腸の内側のひだには、「柔毛《じゅうもう》」と呼ばれる細かい突起が密生し、その付け根に腸腺があって、腸液が分泌される。腸液は、糖やタンパク質を消化する一方、柔毛には、毛細血管とリンパ管が通っていて、そこから養分を吸収している。

大腸では、どろどろになった食物から水分を吸収し、残った固形物を肛門から便として排泄する。大腸は約2メートルの筋肉質の管で、盲腸、虫垂、結腸、直腸に分けられ、それぞれに吸収した水分などを送る動脈がつながっている。

また、結腸は、右の腸骨の部分から腹部をグルッと大きく回り、仙骨上端までつながっている。お通じの悪い人の場合、この結腸の動きが悪く、結腸内で便が滞っているケースが多い。

## 肺の呼吸の仕組みを覚えていますか？

深呼吸をするとき、「吸って吐く」方法もあれば、「吐いてから吸う」という方法もある。ラジオ体操では「大きく吸って、はい、吐いて」という順番で深呼吸を行うので、日本人には、吸ってから吐くという方法をとる人が多いが、スポーツ科学の専門家には、息を吐けば、しぜんに吸うので、吐いてから吸うという深呼吸のほうが楽にできると指摘する人もいる。

そもそも、呼吸は、空気中の酸素と血液中の二酸化炭素を交換することを目的としている。鼻と口から空気を吸い込むと、「気管」「気管支」を通って左右の肺に入っていく。気管支の先には、「肺胞」が、左右合わせて約7〜8億も連なっている。肺胞は、いくつかかたまってブドウの房のようになり、その回りを網のようになった毛細血管がつつんでいる。空気中の酸素は、肺胞と毛細血管を通して、血液中に取り入れられる。と同時に、血液中の二酸化炭素は、毛細血管を通して肺に取りだされている。

といっても、肺には筋肉がないので、それ自体ではふくらんだり、縮んだりすることができない。息を吸うときには、肺胞の入った部屋（胸腔）を広げるのである。

人の胴体は、肋骨《ろっこつ》の下部にある横隔膜によって、上下2つの部屋に隔てられている。胃や腸の入った下の部屋が「腹腔」と呼ばれ、肺や心臓のある上の部屋が「胸腔」である。この胸腔を広げることは、胸骨や肋骨を囲む肋骨と肋骨の間の筋肉（肋間筋）や、胸骨の後面と肋軟骨につく胸横筋、横隔膜などの「呼吸筋」によって行われる。胸腔を広げると、胸腔の中の圧力が肺の中より低くなることから、しぜんに外気が取り込まれるという仕組みになっている。

逆に、呼吸筋をゆるめ、胸腔を狭めると、胸腔内の圧力が外気より大きくなるので、肺から二酸化炭素などの息が吐き出される。

なお、「胸式呼吸」とは、肋骨と肋骨の間の肋間筋を収縮させ、肋骨を引き上げることで胸腔を広げ、空気を取り込むという呼吸である。胸式呼吸をすると、肩が上がるのは、肋骨が引き上げられているからで、呼吸量が少ないので呼吸が浅くなり、呼吸の間隔は短くなる。

これに対して「腹式呼吸」は、肋骨の底面についている横隔膜を使った呼吸である。横隔膜を収縮すると下降し、これによって胸腔が広がるので、自然と外気が取り込まれる。

腹式呼吸をするとお腹がふくらむのは、横隔膜が下がり、腹腔部分が押し出されたためである。赤ちゃんがスヤスヤ眠っているとき、お腹が大きく上下しているのは、腹式呼吸をしているからで、腹式呼吸をすると息が深くなり、呼吸はゆっくり、ゆったりとなる。

## 被子植物、裸子植物…常識としておさえたい植物の分類法

植物には、さまざまな分け方がある。たとえば、仲間の増やし方に着目すると、種で増やす「種子植物」と、胞子で増やす「胞子植物」に分けられる。また、「種子植物」は、種がどこにできるかによって、「被子植物」と「裸子植物」に分かれる。

「被子植物」は、たとえばリンゴやブドウのように、種が実の中にできるタイプである。さらに、この「被子植物」は、最初の葉である子葉が2枚である「双子植物」と、子葉が1枚の「単子植物」に分かれる。「双子植物」にはバラやナデシコ、アサガオ、ナス、ダイコンなどがあり、「単子植物」にはユリ、イネ、ラン、パイナップル、ツユクサ、ショウブなどがある。

もう一方の「裸子植物」は、めしべの一部分である「子房《しぼう》」がなく、種子になる「胚《はい》

**■植物を分類すると…？**

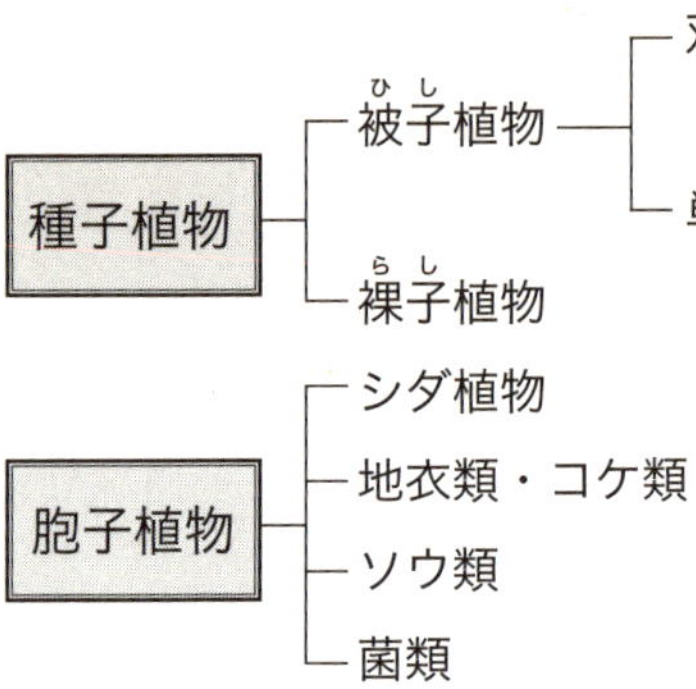


珠《しゅ》」がむき出しになっている。これには、マツやスギ、イチョウ、ソテツ、ヒノキなどが含まれる。

この「種子植物」に対して、胞子で仲間を増やす「胞子植物」は、ワラビ、ゼンマイ、スギナのような「シダ植物」、スギゴケ、ゼニゴケなどの「地衣《ちい》類・コケ類」、コンブやワカメ、クロレラ、アイミドロなどの「ソウ類」、シイタケ、マツタケ、アオカビなどの「菌類（カビ・キノコ）」に分かれている。

また、樹木を2つに分けると、一年中、緑色の葉をつける「常緑樹」と、秋の終わりに、すべての葉が落ちる「落葉樹」に分けられる。常緑樹は、敷地や家の目隠しや日除けになるので、最近、ガーデニングでも人気が高い。

とくに、人気上昇中の常緑樹に、楚々とした白い花をつけ、洋風の家に合う「ハイノキ」や、白く大きな花をつける「常緑ヤマボウシ」などがある。この常緑ヤマボウシは、桃をもっと甘くしたような赤い実もつける。さらに、赤い実と品のある葉の緑とのコントラストが鮮やかな「ソヨゴ」、赤い実と淡紫色の花をつける「ナナノミキ」なども注目株である。

草花の冬の過ごし方で分類すると、アサガオやヒマワリ、ホウセンカのように種で冬をすごすのが「一年草」である。一年草は、春に芽を出し、夏や秋に咲き、冬までに枯れる。また、エンドウやアブラナ、ナズナのように、秋に芽を出し、そのまま冬を越して春に咲き、夏までに枯れるのが「二年草」である。

そして、タンポポやイチゴ、ダリア、ユリ、ススキなどのように、地下の茎や根で冬をすごし、毎年、同じ株から芽を出して咲く植物を「多年草」という。

## 植物の種が芽を出すのに必要な三つの条件

「早く芽を出せ、柿の種。出さぬとハサミでちょん切るぞ」といえば、童話『猿蟹合戦』

のセリフだが、子供の頃、アサガオやヒマワリの種を植え、「早く芽を出せ」と念じながら、毎日ながめていたという人もいることだろう。

だが、いくら念じても、芽の出ない場合もある。種が発芽するには必要不可欠な三条件があって、一つでも欠けると芽は出ない。

一つは「水」である。種は、含んでいる水分が少ないので、日に当たるだけでカラカラに乾く。そして乾くと、休眠状態になってしまう。その種は水を吸うことで休眠から覚めるのだ。

二つめは「酸素」である。植物は光合成をするといっても、葉緑体のない種の段階では、光合成はできない。種は内部へ酸素を摂取し、栄養を燃やしながら生きながらえている。したがって、発芽に水が必要だといっても、水につけっ放しにすると酸素を摂取できなくなるので、芽が出ないばかりか、腐ってしまう。

三つめは「温度」である。発芽に必要な栄養素を作り出すにはエネルギーが必要で、温度はそのエネルギーとなる。冬の間は芽が出ず、春になると出てくるのも、温度が高まるためである。

小学生でこの発芽の三条件を習ったとき、「光は必要ない」ことを知った人は少なくないだろう。実際、大豆やカイワレなどを光の届かない箱の中に入れ、水、空気、温度の三条件が揃っていれば、光がなくても発芽することを実験で確かめたという人もいることだろう。ただし、すべての植物が「光」を必要としないかといえば、そうではない。植物の半数以上は、四つめの条件として「光」が必要で、それらの植物は「光発芽種子」と呼ばれている。その代表には、レタス、イチジク、タバコ、マツバボタンなどがある。

## 植物の「光合成」って呼吸とはどう違う？

植物は、呼吸を⑴一日中している、⑵日光の当たらない夜間だけしている。

⑴と⑵で、正しいのはどっちだろう？

植物の特徴に「光合成」を行うことがある。光合成は、水と二酸化炭素を原料にして、葉の中にある「葉緑体」の中で、でんぷんと酸素を作ることである。

植物は、水は根から吸い上げ、二酸化炭素は葉の裏側に多く分布する「気孔」という孔を通じて、空気中から取り入れている。取り入れられた水と二酸化炭素は、葉の細胞の中に存在する緑色の粒である「葉緑体」に集められ、光のエネルギーの助けを受けて、でんぷんと酸素を作り出している。

でんぷんは、その後、水に溶けやすい糖に変えられ、師管《しかん》を通って種、実、根、茎などに蓄えられる。イモ類は、このでんぷんが大量に蓄えられたものである。

また、一部の糖は、植物の成長エネルギーとして使われる。酸素は、一部が自分自身の呼吸に使われ、残りは空気中に出される。

このため、日当たりのよい場所においた植物は、盛んに光合成を行い、葉は大きくなって数も多くなるし、茎も太くて丈夫になる。これに対して、日陰においた植物は、日光が十分にあたらず、葉は小さくなって茎は細く、見るからに弱々しい。日光を受けようと背伸びをするので、ひょろひょろの草花となる。

また、地球は、誕生時、酸素の濃度がいまよりずっと薄かった。だが、光合成を行う植物が現れたことで、酸素がどんどん増えていった。動物は、この酸素を取り入れて生命を維持してきた。

一方、呼吸とは、体内に空気中から酸素を取り入れ、糖などの養分を分解。生活に必要なエネルギーを取りだすことである。

植物も、日光が届かず、光合成をしていないときは、気孔から酸素を吸い込み、二酸化炭素を排出している。光合成をしている昼間は、光合成によって作られた酸素の一部を使い、呼吸をする。排出した二酸化炭素は光合成に使うので、ひじょうに効率のよい呼吸システムとなっている。

植物は、昼間、光合成を行うので呼吸はしてないように見えるが、じつは一日中、呼吸も行っている。したがって、冒頭の問題の答えは⑴である。

## ■参考文献

《第一部》

「記憶力を強くする」池谷裕二／「全脳型勉強法のすすめ」品川嘉也／「高校数学とってお き勉強法」鍵本聡／「やる気を生む脳科学」大木幸介（以上、講談社ブルーバックス）／「知の技法」小林康夫、船曳建夫編（東京大学出版会）／「超勉強法」野口悠紀雄（講談社）／「新・能力トレーニングの技術」（宝島社）／「プラス暗示の心理学」生月誠（講談社現代新書）／「30代から始める頭のいい勉強術」和田秀樹／「勉強術・仕事術私の方法」竹内均（以上、三笠書房）／「頭脳200％活性法」大島清（ＰＨＰ）／「朝の知的生産術」現代情報工学研究会（実務教育出版）／「女の勉強術・生活術」南和子（三笠書房）／「記憶する技術」渡辺剛彰（徳間書店）／「受験勉強入門」和田秀樹／「ホイホイ勉強術」多湖輝（以上、ごま書房）／「大人のための勉強法」和田秀樹（ＰＨＰ新書）／「覚える技術・忘れない技術」保坂榮之介（河出夢新書）／「脳を鍛える50の秘訣」斎藤茂太（成美文庫）／「記憶術」南博編（光文社）／「集中力」山下富美代／「脳を活かす！必勝の時間攻略法」吉田たかよし（以上、講談社現代新書）／「知的複眼思考法」苅谷剛彦／「40代からの知的生活術」現代情報工学研究会／「40歳を過ぎても記憶力は伸ばせる」高田明和（以上、講談社α文庫）／「スランプ克服の法則」岡本浩一（ＰＨＰ新書）／「ここ一番！の集中力を高める法」児玉光雄（東洋経済新報社）／「脳を鍛えれば今までの10倍うまくいく」ビル・ルーカス著、牧野元三訳／「成功する人の時間術」ユージン・グリースマン著、門田美鈴訳（以上、ダイヤモンド社）／「大人のための科学的勉強法」福井一成（日本実業出版社）／「勉強のチカラ！」齋藤孝（宝島社）／ほか

《第二部》

「例解小学漢字辞典」(三省堂)／「中学入試でる順漢字3500」旺文社編(旺文社)／「漢字なりたち辞典」藤堂明保監修　ニュートンプレス編(ニュートンプレス)／「小学社会科事典」有田和正編著(旺文社)／「特進クラスの社会」中学入試問題研究会　水谷安昌(文英堂)／「社会自由自在　小学高学年」小学教育研究会(受験研究社)／「特進クラスの理科」中学入試問題研究会　西村賢治編著(文英堂)／「理科自由自在　小学校高学年」小学教育研究会(受験研究社)／「小学理科まとめノート」総合学習指導研究会(受験研究社)／「くわしい社会小学6年」文英堂編集部(文英堂)／「小学生のさんすう大疑問100」仲田紀夫(講談社)／「小学校6年間の算数が6時間でわかる本」間地秀三(PHP)／ほか

※本書は『大人の「勉強力」が身につく本』(小社刊／2005年)、『小学校6年間の「勉強」が90分で身につく本』(同／2012年)をもとに、新たな情報を加え、再編集したものです。

## 編者紹介

**知的生活追跡班**

忙しい現代人としては必要な情報だけすぐに欲しい、タメになることだけ知りたい、と思うもの。けれど実際、世の中そう簡単にはいかない…。そんなニーズに応えるべく結成された。

本書では、忙しい大人がスキマ時間を最大限に利用することで結果を出す「勉強」のコツとポイントを一挙公開。同時に、大人の勉強の“基礎体力”として不可欠な「小学校の勉強」をまるごと総ざらい。ワンランク上の自分に目覚める一冊！


やり方《かた》しだいで結果《けっか》が出《だ》せる

大人《おとな》の勉強力㊙《べんきょうりょくまるひ》ノート

2015年11月5日　第1刷

編　者　知的生活追跡班《ちてきせいかつついせきはん》

発行者　小澤源太郎

責任編集　株式会社プライム涌光

電話　編集部　03(3203)2850

発行所　株式会社青春出版社

東京都新宿区若松町12番1号〒162-0056

振替番号　00190-7-98602

電話　営業部　03(3207)1916

印刷・大日本印刷　製本・ナショナル製本

万一、落丁、乱丁がありました節は、お取りかえします

ISBN978-4-413-11148-5 C0030